**2023 年**

河职院·万绿湖文旅产业学院被评为河源职业技术学院 2023 年校级示范性产业学院。

**2024 年**

河职院·万绿湖文创产业学院获得广东省“粤东粤西粤北地区人才发展帮扶计划”（扬帆计划）人才发展战略专项资金。

**2024 年**

万绿湖风景区被评为国家 5A 旅游风景区。持续 12 年的校企合作项目“万绿湖风景区创 AAAAA 服务质量提升工程”圆满结束。

**2024 年**

成立河源职业技术学院—广东万绿湖文化旅游投资有限公司校企合作专班。

**2024 年**

河职院参赛队荣获“世界职业院校技能大赛总决赛争夺赛‘旅游赛道一’（研学旅行小组）金奖”。

**2024 年**

万绿湖主办全国湖泊景区高质量发展大会并发布行业共识，挂牌“全国生态文学创作基地”

选

河

列

# 校企双向赋能 筑造人才高地

## 万绿湖与河源职业技术学院20年产教融合实践与探索

杨红霞　周　勇　冯四朵　刘贻新◎著

旅游教育出版社
·北京·

## 本书由以下项目资助出版

2020 年广东省高职院校高水平专业群建设项目 (GSPZYQ2020142)

2022 年省域高水平高等职业院校建设项目（粤教职函［2022］24 号）

2024 年河源职业技术学院“万绿湖产教融合二十年辉煌历程成果整理与专著编纂”项目（WWLS-SC-202407-013）

# 序一 PREFACE

执笔之际，感谢周维国董事长的邀约，同时热烈祝贺万绿湖风景区成功晋级国家5A级旅游景区行列。我们可以看到，品质提升的背后，既有全市的托举之力，更是一个学习型团队孜孜不倦锐意进取的结果。

长期以来，万绿湖始终坚守着强烈的社会责任感，致力于在严守生态保护“红线”的同时，为库区民众创造“红利”，这一平衡点的把握对企业掌舵者的智慧、决心和定力构成了严峻考验。企业战略要符合时代，才能真正实现卓越的管理。在过去的20多年里，万绿湖团队凭借“不忘初心，砥砺前行”的坚韧精神，成功探索并实践出一条独具创新性的“万绿湖模式”，这不仅彰显了企业的深厚底蕴与韧性，更是一项来之不易的成就。

很荣幸的是，河源职业技术学院（以下简称河职院）能够参与并见证万绿湖的发展。20年前，双方分别作为河源第一所高等院校与第一个国家4A级旅游景区，彼此之间，有英雄相惜，亦有知音相求。

河职院旅游管理专业是一个富有实干、创新精神的优秀团队，与万绿湖学习型团队一起，在逐步磨合过程中，双方达成了共同的目标、合拍的节奏，也共享了成果。我们实现了团队成员、平台、技术、资源的互融互通，在教学、科研、社会服务等方面互促互进。比如，在2015年、2016年，旅游管理专业师生团队研究课题入选原国家旅游局“万名旅游英才计划”双师型和实践型项目一共14项，其中，12项与万绿湖相关。围绕“华南第一大湖”这一宝贵资源，师生们从不同角度，解读出了万绿湖不一样的文化内涵，也深挖了万绿湖的潜力和魅力，完成了具有创新性、落地性的研究成果及富有时效性的成果转化。项目得以高效、高质地完成，极大得益于企业的鼎力支持和配合。同样是在2016年，周维国董事长研究课题入选“万名旅游英才计划”研究型项目，主题围绕校企合作组织“万绿湖导游义工队”展开，作为导游义工队的主体成员，河职院师生们也用专业性和执行力，检验了项目的研究成果。诸多事例，不胜枚举，尽在书中。校企双方就是这样你中有我，我中有你，互为辅佐、同向发力，终成合力！

河职院与万绿湖的合作模式，经过20年的实践检验，用亮眼的成绩证明，该模式既接地气又富有实效。善于总结就是善于进步，这本书就是我们的一次大总结，重点总结经验、做法，输出我们的理念和创意。以此为基础，未来，我们还将同襄共举，依托市域产教联合体、行业产教融合共同体等组织，深化合作办学、合作育人、合作就业以及合作发展，开创高质量发展新局面。

刘照新

2024-12-20 于荟萃湖畔

河职院党委副书记、校长，博士、研究员

全国行业职教教学指导委员会委员

教育部学徒制教指委专委会委员

广东省职教学会理事会常务理事

# 序二 PREFACE

校企合作一直是职业类院校老生常谈的话题，合作常有，但长达20年的深度合作却并不寻常。本书的两个合作主体：河源职业技术学院和广东绿湖文化旅游投资有限公司，不仅做到了20年不间断的持续合作，还产出了大量优秀的合作成果，顺势而为、因地制宜、合作创新，是本书的最大看点。

全书梳理了双方合作的历程，详细介绍了合作模式的发展，重点展示了双方合作的亮点与做法，这不仅是珍藏一隅的专业和行业实践，更是我国近20年职业教育对接行业实践的时代缩影。

20世纪八九十年代到本世纪初的10年间，是我国旅游管理专业发展的高光时刻，但近年来，行业人才趋于饱和，专业对口就业率持续下降，“被撤销专业”频现旅游管理。公开资料显示，从2016年开始，5年间共有24所本科学校撤销旅游管理专业；高职院校同样不乐观，2024年就有25个旅游类专业被撤销。与上述专业发展困境相反，河源职业技术学院旅游管理专业初创2003年仅1个班的规模，之后招生逐步增加，高峰时期的2009年有5个班，年度招生规模基本保持在3~4个班，校企深度合作起到了巨大的支撑与推动作用。

双方的合作开始于2004年，彼时万绿湖文化旅游投资有限公司刚满5载，河源职业技术学院旅游管理专业亦刚过襁褓之年，可谓初识于微时。两位“职场小白”的合作按部就班，在节假日用工、学生顶岗实习方面有所往来，“工学结合”1.0阶段进展正常。转机或许属于2007年，毕业于中国科学院研究生院的朱智老师，被专业委派挂职于万绿湖，其间，带动了双方在项目研发、学术交流、上层规划等多方面的深入互动，至此，双方合作进入2.0阶段。在“三通共享”产教融合模式下，双方在平台、资源和导师三个方面实现互通共享，其中，具有实际经营运作的“校中厂”——万绿湖旅行社大学城营业部、针对提升讲解服务而设立的万绿湖导游俱乐部，以及体现责任担当的万绿湖导游义工队，在当时都具有开创性，时至今日，也不乏借鉴意义。发展到3.0阶段，双方通过组建产业学院，实现教育链、产业链、创新链、人才链“四链协同”的产教融合模式，这既是时代的要求，也是合作的水到渠成。

从书中翔实的介绍，我们可以发现，河源职业技术学院与万绿湖文化旅游投资有限公司在合作、探索、磨合的过程中，始终保持紧密对接，因时而动、应势而为，步步为营、实干见效！可以说，作为河源第一所高等院校的河源职业技术学院，与华南第一湖万绿湖的合作是机缘，也是必然，双方合作20年的持续发力，体现的是领导者的智慧和魄力，展示的是团队的精神与力量！

2024-12-13 于古城西安

陕西师范大学旅游管理系主任　教授　博士生导师

全国首批旅游管理学博士

# 前言 FOREWORD

河源职业技术学院与广东万绿湖文化旅游投资有限公司如同一对挚友，相遇、相识、相知、相伴已 20 载，友好互信、同心互鉴就是对我们最好的注脚。

遥想 2004，当时的我们开启了第一次合作，对未来有着美好的期许，但肯定没想过的是这份信任关系能持续 20 年。时至 2024，回头再看过往历程，似乎一切的发展都属理所应当。是啊，我们有共同的目标，年轻气盛的伙伴总能碰撞出思想的火花，想干就干！我们有优秀的团队，由俞彤教授带领的旅游管理专业团队，与周维国董事长带领的万绿湖团队，上下一心，想干能干！我们还有公众的支持，无论是政府、行业，还是其他企业，都乐于助力，共同打造“河源文旅业界标杆”以及“河职文旅品牌”，想干就要干好！所谓“天时地利人和”就是对我们最好的祝福。

“独乐乐不如众乐乐”，校企合作团队希望能与各位关心、支持我们的朋友一起分享我们走过的路，也希望能得到大家的真知灼见促进我们的成长。于是，团队利用 2024 年暑期，从 20 年来的旧纸堆里，整理出当时的会议纪要、文件材料、规章制度、工作记录等，梳理出了校企合作的发展历程，总结出了产教融合三大模式，可以说本书是一个集大家智慧的成果。

本书集中体现了广东省高职院校高水平专业群“旅游管理专业群”建设项目(GSPZYQ2020142)、省域高水平高等职业院校建设（粤教职函 [2022]24 号）、广东省高职优秀教学团队 -- 旅游管理专业群团队（粤教高函 [2015]24 号）项目、2024

年河源职业技术学院“万绿湖产教融合二十年辉煌历程成果整理与专著编纂”项目（WWLS-SC-202407-013）的研究成果。同时也包含了2024年广东省普通高校创新团队项目（人文社科）数智文旅应用与标准化研究协同创新团队（2023WCXTD040）、2024年广东省普通高校特色创新项目“利益相关者视角下数字文旅产教融合职业教育评价体系研究”（2024WTSCX241）、2024年粤高教学会“百千万工程”背景下非物质文化遗产赋能乡村振兴的机理、困境及路径研究（24GQN80）、2023年广东省教育科学规划课题高等教育专项课程思政浸润高职旅游类在线精品课程建设的研究与实践（2023JG435）、2023年广东省高职教育教学改革研究与实践项目“时代新人铸魂工程”下思政浸润高职旅游类在线精品课程建设的研究与实践（2023GXJK925）等项目的阶段性研究成果。本书也将为探索实践“农文旅专业群”建设提供扎实的研究基础。

在本书撰写的过程中，得到了河源职业技术学院刘贻新校长的大力指导，同时也得到河职院袁光华、俞彤、张颖、罗春娜、廖远兵、王方、曾惠华、胡方、杨亮、伍新蕾、邱旭辉、韩雨桐、李愈子，广东万绿湖文化旅游投资有限公司周维国、张伟新、刘春燕、周捷航、肖琳华、古建新，湖州职业技术学院朱智、广东科学技术职业学院胡晓晶等领导、同志的大力支持，在此深表感谢！

由于水平和视野有限，书中难免存在疏漏和不当之处，恳请各位专家、读者批评指正！同时也由于材料庞杂，加之受限于过去的影印技术及保存条件，可能存在原件照片、文件不够清晰的问题，请各位见谅！也期待各位朋友、专家提出精彩意见！

河职院与万绿湖的故事还在继续，敬请期待！

杨红霞

2024年12月

目
录
CONTENTS

# 01 第一章

# 缘起：校企合作两大主体

# 第一节　河源职业技术学院

## 一、河源职业技术学院概况

河源职业技术学院，坐落于风景秀丽的广东省河源市江东新区，背靠梧桐山，面向东江，自其前身老隆师范学校创立以来，历经近百年风雨，已发展成为一所具有深厚历史底蕴和鲜明办学特色的全日制普通高等职业院校，为地方经济社会发展培养了大量高素质技能型人才。目前，河源职业技术学院拥有全日制在校生 14925 人，教职工 679 人，其中专任教师 594 人，副高以上职称教师 173 人，博士、硕士教师共 396 人，双师素质教师 449 人。河职院下设工商管理学院、机电工程学院、电子与信息工程学院、人文艺术学院、老隆师范学院、马克思主义学院、继续教育学院共 7 个学院，开设旅游管理、应用电子技术、模具设计与制造、服装设计、文秘、英语教育、音乐表演等 49 个专业，涵盖了工、管、文、艺等多个领域。

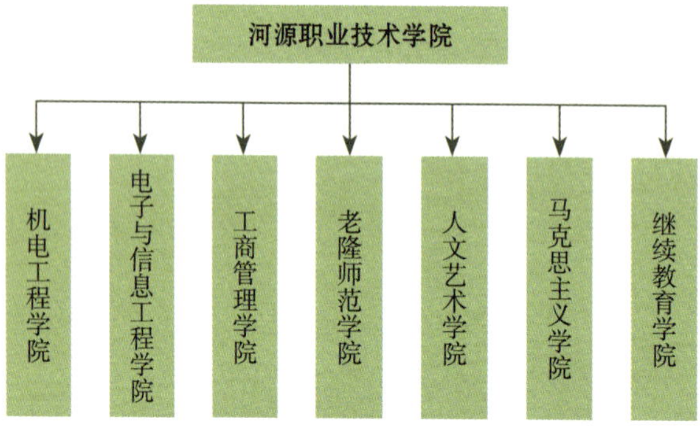


图 1–1　河源职业技术学院组织架构图

### （一）河源职业技术学院历史沿革

1930 年秋，在著名教育家陶行知先生的教育思想影响下，原国民政府广东省教育厅厅长黄麟书先生怀抱“教育救国”的崇高理想，以“龙川乡村师范学校”为基础，创办了“广东省立老隆师范学校”。学校初名为“龙川县立乡村师范”，校址设在龙川县老县城佗城龙王庙，当年招生 40 人，学制三年。这一创举，不仅为当时的乡村教育注入了新鲜血液，更为后来的河源职业技术学院奠定了坚实的基石。新中国成立后，老隆师范学校迎来了新的发展机遇。学校办学规模逐步扩大，教学质量稳步提高。1957 年，学校发展到 13 个班，学生数量超过 600 人。在随后的历史变迁中，学校历经波折，停止招生达 7 年之久。1973 年，学校恢复招生，并逐步恢复教学秩序，重新焕发生机。

随着办学条件的不断改善和教学质量的持续提升，老隆师范学校赢得了广泛的社会赞誉。1982 年和 1984 年，学校先后被评为广东省“普教系统先进集体”。1987 年，学校被确定为省属重点师范学校，归属原惠阳地区管辖。1988 年河源建市后，学校划入河源市管辖，开始面向全市招生，为地方教育事业的发展做出了更大贡献。2001 年 5 月，经广东省人民政府批准，老隆师范学校正式升格为河源职业技术学院，开启了河职院发展的新篇章。2004 年 3 月，河职院新校区在市区东环路东江河畔动工兴建，同年 9 月新校区落成招生。河职院高度重视教育教学质量的提升，不断加强内涵建设。2007 年底，河职院通过教育部高职高专人才培养工作水平评估，标志着河职院教育教学质量达到了新的高度。此后，河职院继续深化教育教学改革，加强师资队伍建设，优化专业设置和课程体系，不断提升人才培养质量。目前，河职院已拥有多个省级高水平专业群和精品课程，为社会输送了大量高素质技能型人才。

图 1-2　老隆师范学校创始人黄麟书先生雕像

2012 年，河职院被确定为广东省示范性高等职业院校培育建设立项单位。2013 年，河职院正式成为第二批广东省示范性高等职业院校立项建设单位。在示范性建设过程中，河职院不断加强内涵建设，提升办学水平，取得了显著成效。2017 年底，省教育厅专家组对河职院项目建设给予高度评价，河职院成功跨入全省高职院校第一方阵。2018 年通过项目验收，成为广东省示范性高等职业院校。2022 年 8 月，学校获得广东省教育厅立项，成为全省 30 所省域高水平高等职业院校建设单位之一。

目前，河源职业技术学院经过多年的发展，已经发展为广东省示范性高职院校、广东省文明单位、广东省文明校园先进学校建设单位、广东省域高水平职业院校建设单位、广东省深化新时代教育评价改革试点校、国家职业院校数字校园建设实验校、教育部现代学徒制试点校，是一所具有深厚历史底蕴和鲜明办学特色的全日制普通高等职业院校，为地方经济、社会发展培养了大量高素质技能型人才。

### （二）河源职业技术学院旅游管理专业发展历史

旅游管理专业属于工商管理学院，学院现设有大数据与会计、财富管理、市场营销、工商企业管理、现代物流管理、农村电子商务、现代物业管理、旅游管理、酒店管理与数字化运营、烹饪工艺与营养共 10 个专业。学院共有在校生近 3000 人。毕业生以专业能力强、职业素质高深受社会和行业用人单位的欢迎。近三年，毕业生的总体就业率在 98% 以上，不少毕业生已成为企业单位的业务骨干，其中一些成长为优秀的职业经理人。

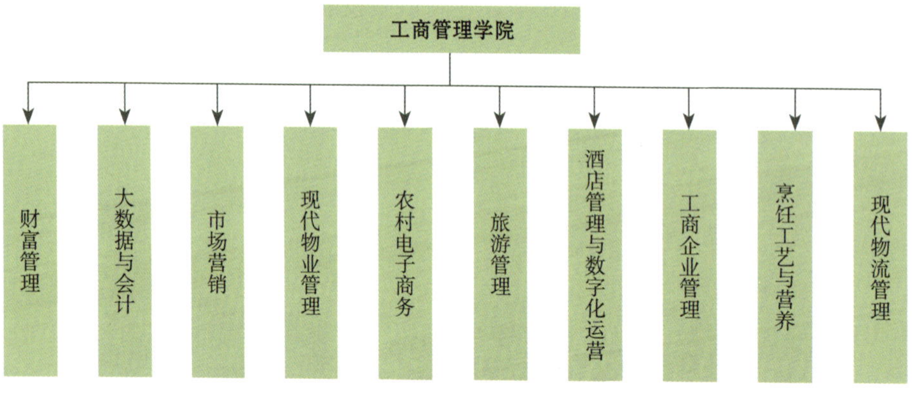


图 1-3　工商管理学院组织架构图（2024 年）

旅游管理专业创办于 2003 年，并于 2005 年分为旅游管理与酒店管理两个独立的专业；旅游管理专业于 2005 年立项校级示范性建设专业，2006 年通过验收；2007 年 5 月立项成为广东省高职示范性建设专业；2010 年顺利验收成为广东省高职高专示范性专业，为广东省同类院校同批次唯一的旅游管理类专业；2011 年获得中央财政支持高等职业院校提升专业服务产业发展能力项目；2013 年立项为广东省高职教育重点建设专业，并于 2016 年验收通过，正式成为广东省“十二五”高职院校重点专业；2018 年作为重点建设专业，通过省示范校验收。2021 年，旅游管理专业群成功申报为广东省第一批高水平专业群，并在 2023 年完成中期检查，预计 2025 年完成省级旅游管理高水平专业群的验收工作。

在专业设置方面，河源职业技术学院旅游管理专业也经历了很长的发展历程，从2003年初创仅1个班的规模，发展到现在每年保持在3~4个班的招生规模。其中，2005年经教学指导委员会充分论证，将旅游管理专业分成三个方向——旅行社管理、酒店管理、旅游风景区管理；2006年正式将酒店方向的教学独立为“酒店管理专业”，“旅游管理专业”仍设两个方向——旅行社管理、旅游风景区管理。从此，旅游管理与酒店管理专业并驾齐驱，为河源、珠三角旅游行业培养了越来越多的骨干力量。旅游管理创新人才培养模式，开展专升本对接“3+2”项目，以及中职对接二年制班级，在2009、2016、2017、2018、2019、2020年等高峰时期共有5个班，年度招生规模基本保持在3~4个班，校企深度合作起到了巨大的支撑与推动作用。在专业发展期间，每年经过专业调研，并由教学指导委员会对人才需求的预测、产业发展前景分析、人才培养目标、教学计划安排、主干课程设置、能力结构要素、专业开办条件以及专业建设的社会可利用资源等方面进行评议、论证、审核；在此基础上，指导着旅游管理专业坚持“大专业、细方向”的专业设置特色和“宽基础，活板块”的课程设置特色相结合。

**表1-1　2023—2024年旅游管理专业基本情况**

| 专业代码 | 540101 | 专业名称 | 旅游管理 |
|---|---|---|---|
| 所在院（系） | 工商管理学院 | 所属专业大类 | 旅游 |
| 全日制高职在校生数（人） | 375 | 其中：一年级在校生数（人） | 139 |
| 其中：二年级在校生数（人） | 112 | 其中：三年级在校生数（人） | 124 |
| 校内专任教师数（人） | 8 | 专任教师双师素质比例（%） | 93.33 |
| 2023—2024学年兼职教师总数（人） | 13 | 2023—2024学年兼职教师授课课时数占专业课时总数的比例（%） | 44 |
| 校内实训基地数（个） | 5 | 校内实训基地生均设备值（万元/生） | 0.81 |
| 2023—2023学年校内实训基地使用频率（人时） | 96815 | 校外实习实训基地数（个） | 15 |
| 2023—2024学年校外实习实训基地接受半年顶岗实习学生数（人） | 120 | 省级校外实习实训基地数（个） | 2 |
| 本专业合作企业总数（个） | 23 | 校外实习实训基地接收2019届毕业生就业数（人） | 40 |

续表

| 专业代码 | 540101 | 专业名称 | 旅游管理 |
|---|---|---|---|
| 所在院（系） | 工商管理学院 | 所属专业大类 | 旅游 |
| 本专业合作企业共同开发课程总数（门） | 8 | 本专业合作企业订单培养总数（人） | 55 |
| 合作企业接收本专业顶岗实习学生总数（人） | 97 | 本专业合作企业支持学校兼职教师总数（人） | 13 |
| 合作企业对本专业准捐赠设备总值（万元） | 6.7 | 合作企业接受本专业 2019 届毕业生就业总数（人） | 52 |
| 本专业为企业培训员工总数（人天） | 1195 | 合作企业对本专业捐赠设备总值（万元） | 38.2 |

## （三）校企合作基础

河职院坚持教育教学改革不动摇，积极探索政、行、企、校“四方联动”办学体制机制，创新产教融合、校企合作人才培养模式。近年来，河职院的教育教学改革取得了显著成果。河职院拥有中央财政支持实训基地 2 个、省财政支持实训基地 3 个；教育部财政部“高等职业学校提升专业服务产业发展能力项目”专业 2 个、教育部骨干专业 3 个、工信部产教融合专业 1 个；省级示范性专业 2 个、省级重点专业 5 个、省级品牌专业 3 个；国家级现代学徒制试点专业 3 个、省级现代学徒制试点专业 10 个；高本协同育人试点专业 11 个。

河职院注重科学研究和技术创新，积极构建产教融合、校企合作平台。近年来，河职院在科研成果转化、技术创新等方面取得了显著成绩。河职院建有多个省级科研平台和实训基地，为师生提供了良好的科研环境和实践机会。同时，河职院还积极承担各级各类科研项目，发表了大量高水平学术论文和专利成果，为地方经济社会发展提供了有力支持。例如，河职院建成广东省博士工作站 1 个，广东省应用技术协同创新中心 3 个，广东省工程技术研究中心 5 个，广东省农业科技创新中心 1 个，广东省产教融合创新平台 2 个，河源市工程技术研究中心 10 个，河源市农业科技创新中心 1 个，河源市技术应用研究院 2 个，广东省普通高校教师创新团队 3 个。近 5 年承担市级以上科研项目 800 多项，其中省级以上项目 260 多项；出版著作（教材）250 多部，发表论文 2000 多篇，其中核心刊物以上发表 312 篇；获授权国家专利 305 件，其中发明专利 42 件；科研经费总额 2800 多万元，其中横向技术服务到款额 1200 多万元。学校于 2013 年 6 月牵头组建了校企合作办学理事会，2021 年 12 月设立了“河源职业教育集团”，搭建了“政行企校、四方共建”的紧密型校企合作平台，现有成员单位 156 家。学校与河源市“五县三区”产业园和科技部门实施“战略合作”，建立了科技特派员常态化工作机制，每年选派 30 多名校级科技特派员，组建科技服务团队，服务河源中小微企业 200 多家。每年选派 20 多名省、市农村科技特派员深入河源市 30 多个乡镇开展人才对接和科技服务，为乡村振兴发展提供有力的技术和人才支撑。

河职院积极探索“政行企校、四方联动”的办学体制机制，创新产教融合、校企合作人才培养模式，推进“教学做一体化”教学改革，将学校教学过程与企业生产过程紧密结合，突出教学的“行动导向、项目载体、能力本位、做学一体”，切实提高学生的专业知识、技能水平和岗位适应能力。河职院还积极开展“订单式”人才培养和“现代学徒制”试点项目。通过与企业签订人才培养协议，河职院根据企业需求定制化培养人才，学生毕业后直接进入企业工作。这种人才培养模式不仅提高了学生的就业率和就业质量，也为企业提供了稳定的人才来源。例如工商管理学院开展客天下国际旅游度假区教育部现代学徒制试点，并在 2021 年顺利通过教育部验收。开办“康帝班”“嘉华班”春沐源“春茧班”等订单班，建立了校企人才共育、过程共管、责任共担、成果共享的产教融合校企合作机制，实现学生培养主体融合、产教融合、师资融合、文化融合。通过现代学徒制和订单班的合作，工商管理学院开发现代学徒制人才培养方案 3 个、现代学徒制特征的专业课程 20 门、校企合作教材 1 本，培养学徒 65 名。

河职院与地方政府、行业协会、企业等多方合作，共同推动产教融合和校企合作。校政行企共同制定人才培养方案、开发课程教材、建设实训基地，实现教学过程与生产过程的无缝对接。同时，河职院还邀请企业专家参与教学，将企业真实项目引入课堂，让学生在实践中提升技能水平。除此之外，河职院积极履行社会责任，广泛开展社会服务活动：设有多个社会培训机构和技能鉴定中心，为地方企业提供技能培训和人才支持；积极参与地方经济建设和社会发展规划制定工作，为地方经济社会发展献计献策；积极开展文化传承与创新活动，为地方文化建设做出了积极贡献。

在未来的发展中，河源职业技术学院将继续秉承“厚德、强技、奋发、敬业”的校训精神，坚持立德树人根本任务，深化产教融合、校企合作，加强内涵建设，提高人才培养质量和社会服务能力，努力建设成为国内一流、国际知名的高水平职业院校，为地方经济社会发展和国家职业教育事业作出更大的贡献。

# 第二节　广东万绿湖文化旅游投资有限公司

## 一、公司概况

广东万绿湖文化旅游投资有限公司（简称“万绿湖文旅公司”）目前管理着 11 家全资企业、1 家控股企业及 4 家参股企业，拥有超过 200 名专业团队成员。公司旗下囊括国家 5A 级万绿湖风景区与 4A 级苏家围客家乡村旅游区等文旅企业，深耕东源县旅游产业，业务范围广泛，包括旅游景区的开发与运营、船舶客运服务、船舶制造、文化活动策划执行，以及“文旅 + 农业”特色产品的开发与销售等。凭借“万绿湖”这一标志性品牌商标，公司近年来随着景区口碑的持续上扬和品牌农产品、文化创意产品的不断创新推出，品牌影响力与知名度显著提升。

图 1-4　公司品牌商标

公司的持续稳健发展，带动了对人才、技术、资源的高需求与品质提升，为校企合作打下坚实基础，创造了有利条件。同时，深厚的人文底蕴与得天独厚的自然条件也令其具有开展校企合作的显著优势。这些综合因素，为校企双方互惠共赢、协同发展提供了广阔的空间与无限的可能。

### 1. 公司架构

万绿湖文旅公司为东源县国有资产投资集团有限公司下属二级公司，成立于 1999 年，前称为河源万绿湖旅游中心开发有限公司，2015 年更名为广东万绿湖旅游有限公司，2020 年更为现名。经过 25 年的发展，公司拥有广东万绿湖旅游经营管理有限公司、广东万绿湖旅游船艇有限公司、广东省新丰江国有资产经营管理有限公司、河源市苏家围客家乡村旅游区有限公司、广东万绿湖船舶制造有限公司、广东万绿湖旅行有限公司、广东万绿湖文化传媒有限公司、河源市丰渔水产有限责任公司、东源万绿湖自来水有限公司、东源县河源生活污水处理有限公司、广东万绿湖水产发展有限公司 11 家子公司，另有东源县绿谷食品有限公司 1 家控股企业，以及河源万绿湖万泰文旅发展有限公司、广东省新丰江万绿湖水力电源有限公司、广东省新丰江万绿湖镜花缘旅游有限公司、河源万绿湖长丰水产进出口有限公司 4 家参股企业。

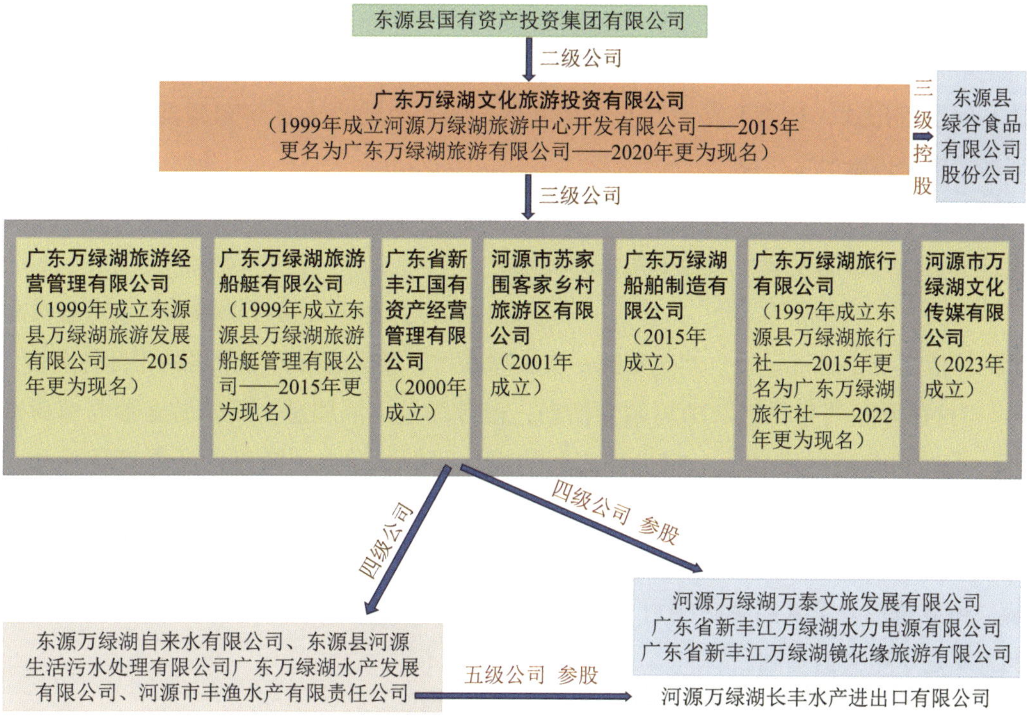


图 1-5 公司架构图

2. 企业文化

作为“河源旅游的亮丽名片、客家文化的传播先锋与环保事业的践行者”，万绿湖文旅公司肩负着重要使命，致力于成为“中国顶尖的环保旅游品牌与广东省内知名的旅游企业集团”。公司秉承“艰苦奋斗、勇于开拓、安全高效、追求卓越、力争上游”的企业精神，不断前行，追求卓越。

3. 品牌活动

万绿湖文旅公司深度挖掘并展示其品牌文化的丰富内涵，通过一系列精心策划的文旅活动，有效提升了景区的文化底蕴与品牌影响力。这些活动包括：

东源县万绿湖增殖放流活动：此活动旨在促进生态平衡，展现公司对环境保护的承诺，同时增强了公众对万绿湖自然资源的认识和保护意识。

广东河源“穿越万绿湖”大型徒步活动：通过组织徒步爱好者穿越万绿湖周边美景，不仅促进了户外运动文化的普及，也让参与者亲身体验到了万绿湖的自然魅力，加深了游客对景区的情感连接。

“绿美广东‘椎’美万绿湖”春季摄影大赛：利用摄影艺术捕捉万绿湖四季变换中的独特景致，特别是春季的生机盎然，通过镜头语言传播万绿湖的美丽，吸引更多的目光聚焦于这片生态宝地。

东源县非物质文化遗产进景区展演活动：将地方传统文化融入景区，通过现场表演、展示等形式，让游客在享受自然风光的同时，也能深入了解东源县的文化底蕴，丰富了旅游体验的文化层次。

万绿湖开渔节：庆祝渔业丰收的传统节日，不仅展示了渔民文化的独特魅力，还促进了当地经济的发展，增强了社区的凝聚力。

“2023年万绿湖马拉松”：作为一场国际性的体育赛事，马拉松赛事不仅考验参与者的体能，更是对万绿湖自然美景的一次全球展示，极大地提升了景区的国际知名度。

“我在万绿湖有棵树”植树领养活动：倡导绿色生活理念，鼓励游客参与植树造林，通过领养树木建立个人与自然之间的情感纽带，增强了游客的环保责任感和归属感。

通过上述多元化、高品质的品牌活动，万绿湖文旅公司不仅丰富了景区的文化内涵，还显著提升了其品牌影响力和市场竞争力，为打造具有国际知名度的生态旅游目的地奠定了坚实的基础。

## 二、校企合作主要依托资源

### （一）万绿湖风景区

万绿湖风景区是依托新丰江水库建立起来的风景区，万绿湖是华南地区第一大湖，也是华南最大的生态旅游名胜，因四季皆绿、处处皆绿而得名。2024年12月，万绿湖风景区正式升格为国家5A级旅游景区。

#### 1. 建设史

万绿湖因其建设史而具有丰富的红色文化精神。在20世纪50年代，新中国第一个五年计划提出要集中力量进行工业化，那么发展电力就成为当时工业化的关键步骤。在此背景下，国家决定在东江最大的支流新丰江上建设新丰江水电站，同期建设的还有新安江、三门峡、古田溪等新中国首批大型水电站。如同我们所知道的历史，当时的中国“一穷二白”，但是人们具有极致的爱国主义情怀。

1958年7月15日，新丰江水电站在距离河源市区6公里处的亚婆山峡谷开建，建设者有国家水利电力部新丰江水利工程建设局职工，有解放军0462部队工兵，还有大量从广州、惠阳、佛山、韶关、汕头地区响应号召而来的民兵队伍，最高峰时工地投入的劳动力达2.7万人。万人筑湖，在没有大型器械设备的情况下，在简衣素食的情况下，发挥愚公移山精神，硬是靠肩挑手扛筑起了一座顶高 105 米、顶宽 5 米、坝长 440 米的雄伟大坝。仅仅两年零三个月，就创造了我国已建同类型同规模的水电工程中速度最快的历史记录。可以说，万绿湖就是新中国建设史的一个生动缩影，也是中国人家国情怀的一方生动写照。

时至今日，新丰江水电站大坝已安全屹立了半个多世纪，成功经受住 6.1 级地震和无数小震的考验，到今天仍然发挥举足轻重的防洪、发电、供水作用。作为世界上第一座经历六级以上大地震的水库，万绿湖见证了中国劳动者那令人赞叹的工匠精神。

图 1-6　新丰江水电站大坝

### 2. 移民史

万绿湖不仅风景如画，更因承载丰富的客家文化历史而显得底蕴深厚。昔日，这片碧波荡漾之下，是新丰江畔 8 个公社、11 个乡镇及 389 个鱼米丰饶的村庄。为了响应国家建设的号召，10.6 万客家人离开了世代居住的家园，踏上集体迁徙之路。在那个公社化年代，移民工作遵循“先搬迁后安置”的原则，移民们初到安置地时，多栖身于学校、祠堂乃至简陋的猪栏、牛栏之中，随后自力更生建设新家园。然而，紧接着的三年困难时期，让这 10.6 万移民在异乡遭遇了难以言喻的艰辛与挑战。

对于客家人而言，故土之情根深蒂固。追溯历史，当中原先民南迁时，即便路途遥远，也要携带先人遗骨至新居地重新安葬，此谓“二次葬”，彰显了深厚的家族情感与祖先崇拜。历经百年沧桑，客家方言依旧坚守“不忘祖宗言”的古训，保留了珍贵的“中原古音”，这份语言上的执着，是对过往的无尽怀念与深情依恋。而在不断的迁徙与流离中，客家人逐渐形成了“日久他乡是故乡”的豁达人生观，展现的便是一种超然物外、随遇而安的生活智慧与人生境界了。

3. 保护史

万绿湖凭借其始终如一的保护历程，彰显了独特的自然生态文化魅力。自建库 64 载以来，其水质始终保持国家一级地表水的卓越标准，这背后凝聚着河源人民世世代代的不懈努力与奉献。

为守护这片碧波，在水库竣工后，湖区民众掀起了一场声势浩大的植树造林运动。短短两个月，他们奇迹般地营造了万亩“红旗山”与万亩“革命山”，这一壮举在广东林业史上留下了光辉的一笔。在之后的发展历程中，为了杜绝工业污染，河源市更是毅然决然地拒绝了总投资额接近千亿元的 400 多个可能造成污染的项目入驻。对于一个 GDP 长期在广东排名靠后的山区城市而言，这样的环保决心无异于“捧着金饭碗讨饭”，其勇气与牺牲精神尤为难能可贵。

自 1995 年万绿湖开放旅游以来，它始终坚持“库内游览、库外住宿”的原则，确保生态环境不受旅游活动的影响。湖区周边的乡镇及旅游企业均配备了先进的污水处理设施，并通过专用管网接入市政污水处理系统，实现了真正的零污染。这些看似平凡的付出，实则蕴含着河源人民不计得失、甘于奉献的护水情怀，也彰显了这座城市最为质朴且崇高的生态文明理念。

如今，万绿湖已成为惠州、东莞、深圳等东江下游城市 4000 多万居民以及香港同胞的重要饮用水源地，被誉为广东的“生命之水”“政治之水”和“生态之水”。这一荣誉不仅是对万绿湖自然美景的赞誉，更是对河源人民长期以来坚持不懈保护水源的最高肯定。

图 1-7　万绿湖风景区

## （二）广东万绿湖旅行有限公司

广东万绿湖旅行有限公司（前身为成立于1997年的东源县万绿湖旅行社，后于2022年改制为广东万绿湖旅行有限公司），成立于1997年4月3日，注册资金1000万元。下设大学城、建设大道两个营业点，设有人事部、地接部、组团部、导游部和财务部五个部门。旗下拥有“尊老号”“万里路”等品牌产品系列，以“团结奋进、勇创一流”的企业精神和“五心”服务理念享誉业界。

1.“五心”服务理念

2005年，万绿湖旅行社创新性地提出了“五心”服务理念，这一理念涵盖热心的态度、贴心的服务、精心的安排、称心的导游以及开心的旅程，全方位体现了其对服务品质的高标准追求。在此基础上，该旅行社率先制定了商务考察活动的组织接待细则、会务接待标准以及地陪与全陪导游的规范操作流程，为行业树立了标杆。

得益于“五心”服务的卓越实践，万绿湖旅行社实现了快速发展。从成功组织两千人游深圳、广州，千车万人游河源，到农夫山泉万人游河源等大型活动，无不彰显了其强大的组织能力和市场影响力。短短三年，该旅行社的组团人数从2006年的9438人次激增至2008年的15000人次，接待游客总数更是突破了5万人次大关，成绩斐然。

“五心”服务的高质量水平，不仅赢得了市场的广泛认可，更为万绿湖旅行社赢得了诸多重要活动的接待机会。包括“广东万绿湖杯”国际旅游小姐大赛世界总决赛、河源市“三个一百亿”推介会、河源市客家文化旅游节、广东企业家百县行以及第五届山洽会等重大活动，均选择了万绿湖旅行社作为首选接待单位。

2. 开拓创新的企业文化

万绿湖旅行社在河源旅游界开创了多个先河，是当地首家实现软件系统化管理、自动化办公的旅行社，率先开发了夏令营及老年旅游产品，首创出团手册，首倡并组织员工参与拓展训练，首提导游背环保袋上岗制度，更是首家发放旅游消费券的旅行社，这一系列举措彰显了其在行业内的前瞻性和创新精神。

多年来，万绿湖旅行社始终致力于旅游产品的创新与发展，凭借丰富的旅游线路和优惠的价格策略，成功打造了“夏令营”“尊老号”等一系列独具特色的品牌产品。这些产品精准对接了青少年及老年市场的实际需求，不仅丰富了旅游市场的选择，更在河源旅游行业中独树一帜，赢得了广泛赞誉。

3. 乐于育人的用人制度

在人才战略上，万绿湖旅行社展现出非凡的开放性和前瞻性。它不仅广泛吸纳全国各地的行业精英，还与河源职业技术学院建立了稳固的长期合作关系，这一举措不仅为企业持续注入新鲜活力，增强了创新力和科研实力，同时也有效地缓解了学校的就业压力，实现了企业与学校的双赢局面。

旅行社尤为重视员工的成长与发展，大胆起用新人，并构建了一套完善的职业技能培训体系。多年来，该旅行社投入大量资源，举办了一系列开创性的培训活动，如在全市旅行社行业中率先开展的员工拓展训练、邀请暨南大学知名教授来社开办讲座等，通过实战演练提升新员工的业务能力。此外，还定期派遣员工前往珠三角地区的优秀旅行社交流学习，以及通过专业技能竞赛、产品创作大赛、演讲比赛等形式，以赛促学，全面提升服务水平。

得益于这些努力，万绿湖旅行社培养出了一批批杰出的旅游人才，多名员工荣获“河源市十佳导游员”和“河源市十佳文明导游员”称号，且公司员工中大专以上学历者占比高达76%，营造出了浓厚的学习氛围和和谐健康的发展环境。

4. 热心公益的企业责任

万绿湖旅行社在追求经济效益的同时，始终不忘回馈社会，积极履行社会责任，展现出深厚的公益情怀和奉献精神。

2007年，该旅行社不仅提议并成功承办了高新区“青春暖流，共享和谐”文艺演出和船塘镇主固村的新农村入伙仪式演出，还为每户村民送上了温暖的丝棉被。同年，他们还组织源城区育智学校的师生免费游览万绿湖，并带领市技工学校退役士兵培训班的学生在龙凤岛开展“我是环保志愿者”签名和“我为万绿再添绿”植树护水活动，有效地提升了公众的环保意识。

2008年，万绿湖旅行社积极参与“2008人骑自行车巡游庆祝河源市建市20周年暨志愿者宣誓仪式”活动，展现了企业活力与社会责任感。面对南方雪灾和四川汶川地震等自然灾害，企业和员工更是慷慨解囊，积极捐款捐物，参与献血和祈祷活动，为灾区人民送去了温暖和关爱。

此外，万绿湖旅行社还创新性地推出了“边旅游边资助教育”的绿色慈善旅游团。这些活动不仅促进了教育资源的均衡分配，还吸引了更多社会爱心人士关注并资助特困学生，共同为构建和谐社会贡献力量。

2020年，万绿湖旅行社大学城营业部转型升级为“广东万绿湖研学中心”，开始为研学实践教育活动提供更多的服务。

### （三）苏家围客家乡村旅游区

苏家围因苏东坡后裔聚居而得名。整个村子山水环绕，绿色相拥，环境优美，18座明清时期府第式的客家民居点缀其间，有“南中国的画里乡村”的美誉，2013年1

月被评为国家 4A 级旅游景区。目前，景区以“东江湿地文化”“苏氏文化”及“客家文化”为主要特色，着力开发研学实践教育产品。

图 1–8　苏家围风景区

图 1–9　苏家围客家风情研学实践手册封面

# 02 第二章

# 筑基：产教融合模式的初始构建

# 第一节　“工学结合”校企合作模式

## 一、“工学结合”校企合作模式

### （一）校企合作背景

1991年，国务院发布并实施关于大力发展职业技术教育的决定；2000年，教育部发布实施高职高专教育指导性文件《教育部关于加强高职高专教育人才培养工作的意见》。该意见明确指出，高职高专教育人才培养应“适应社会需要”，以技术应用能力的培养为主线，在教学计划中应保证实践教学占有较大的比重，同时建设好相对稳定的校外实习、实训基地，充分利用社会教育资源为学校教育教学服务。

2005年国家发布《国务院关于大力发展职业教育的决定》，提出大力发展职业教育的战略部署，强调职业教育要为社会主义现代化建设服务，特别是要培养高技能专门人才。文件强调了职业教育与生产实践的结合，为工学结合模式的发展提供了政策导向。同年，温家宝总理发表主题为《大力发展中国特色的职业教育》的重要讲话，为院校贯彻实施工学结合增强了信心。

2006年，《教育部关于职业院校试行工学结合、半工半读的意见》则强调了工学结合模式在职业教育中的重要作用，为职业院校实施该模式提供了政策依据和指导。同年，《教育部关于全面提高高等职业教育教学质量的若干意见》再次强调了工学结合、校企合作的重要性。

国家政策为河职院旅游管理专业的人才培养明确了发展方向，同时，当地旅游及相关行业也为该专业的人才培养提供了具体的需求导向和实践契机。

“十五”期间，河源的旅游业也实现了跨越式发展。2002年，河源地标性景区“万绿湖风景区”被评为国家4A级景区；2003年，河源成功创建为“全国优秀旅游城市”；2005年获“中华恐龙之乡”称号，馆藏恐龙蛋化石获得了“恐龙蛋最多数量收藏”吉尼斯世界纪录证书。《河源市国民经济和社会发展“十一五”规划纲要》中指出：要发展壮大旅游业。以客家文化为主线，以良好的生态环境为依托，以“万绿河源、温泉之都、恐龙故乡”为主题，继续做好做大万绿湖品牌，创新以温泉度假、山水度假为特色的生态度假旅游产品，建设和完善城市旅游服务及休闲度假设施，全面提升旅游产业化、集约化水平。

全市旅游氛围良好，本地旅游业得到迅速发展，对专业人才的需求急剧增加；而河职院作为河源市当时唯一的一所高等院校，在学术理论研究与人才培养教育上有着得天独厚的优势，旅游管理专业当仁不让成为河源市旅游业的“人才摇篮”。2004 年，旅游管理专业成立专业建设指导委员会，完成专业建设、发展质量监管体系初始架构。从 2004 年至 2007 年的 3 年时间里，始设于 2003 年的旅游管理专业与开发于 1995 年的万绿湖，两个年轻的合作者，带着一股生机勃发的朝气，共同夯筑坚实的合作基础，为未来的共同发展做好了充分的准备工作。

### （二）“工学结合”校企合作模式

依托河源快速发展的旅游业，在委员会的指导下，专业以培养导游、计调、外联、旅游产品营销等高素质技能型旅游服务、管理专门人才为目标，按照“理论实践一体化、实训基地企业化、教学实训项目化、素质培养全程化”的建设思路，与河源万绿湖风景区、万绿湖旅行社深度合作，进一步完善、深化“内外交替、真岗培养”的工学结合人才培养模式。该模式后来推广至翔丰旅行社、东莞青年国际旅行社、阿具餐饮有限公司等其他旅游企业。

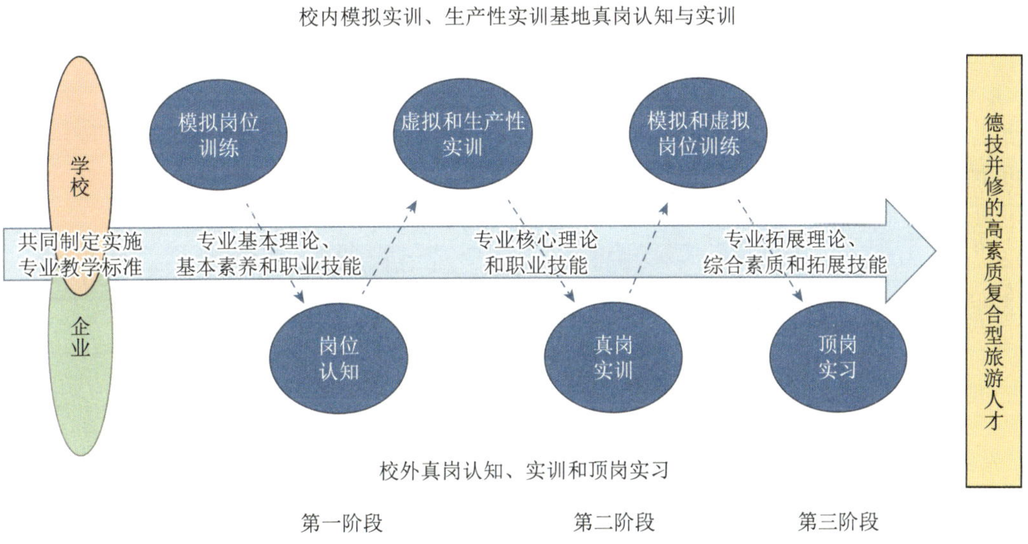


**图 2-1 “工学结合”人才培养模式**

该模式针对现代旅游产业转型升级，企业更加突出对旅游人才的工作岗位实务操作能力和道德素养的要求，依据“生产教育一体化”的职业教育理念，全面提升人才培养支撑条件，校企共建共享优质教学资源，踏实践行培养举措，进一步提升专业人才培养的成效，实施举措和组织过程如图 2-2 所示，分为以下三个阶段：

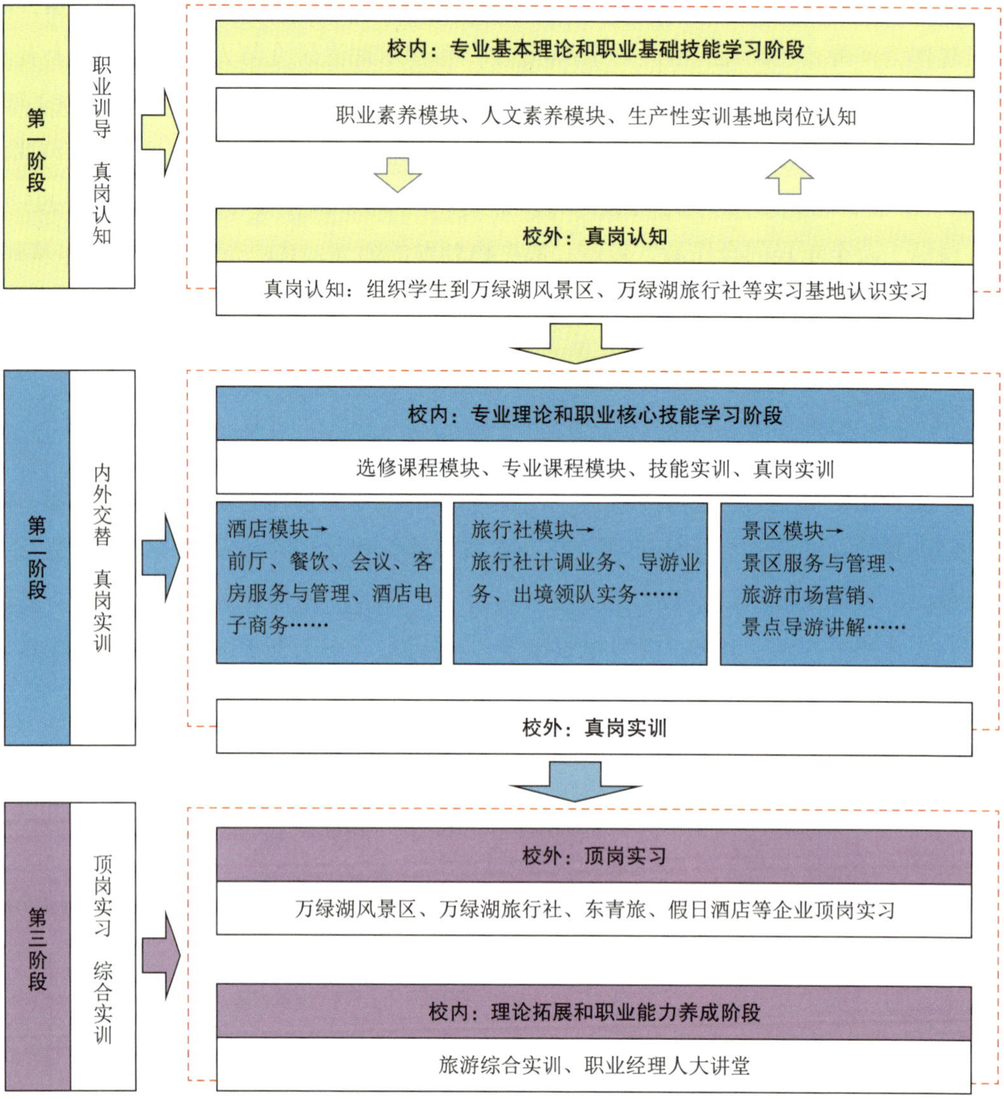


图 2-2　“工学结合”人才培养模式实施举措和教学组织

第一阶段：职业训导，真岗认知。学生在大一主要完成职业素养专业课程及人文素养公共课程的学习，同期通过认识实习、课内实训、课后活动等形式，认知企业职能部门及岗位工作真实情况。学生的职业角色认知、职业道德认知、职业规范认知初步形成。

第二阶段：内外交替，真岗实训。学生在大二期间，除了学习专业知识，还需根据专业课程要求，到万绿湖风景区、万绿湖旅行社等实习基地进行专业技能训练。校内理论校外实训，两个环节有机衔接、互为补充，引导学生“知行合一”，避免教和学“两张皮”现象。

第三阶段：顶岗实习，综合实训。学生在大三以“员工”身份在企业完成专业实习及毕业实习，专业学习以“旅游综合实训”和“职业经理人大讲堂”形式贯穿其中，帮助学生完成从学生到员工的职业角色转变，为就业做好心理、知识和技能的三重准备。

## 二、机制建设

2004 年 8 月 31 日，时任中共中央政治局委员、广东省委书记张德江同志在视察河职院新校区后，寄语学校要办成全省最好的高职院校。学校师生备受鼓舞，开启“质量兴校”之路。

2005 年 11 月，旅游管理专业被评为河源职业技术学院院级示范性建设专业。同期，学校领导班子，会同学校各行政主管部门、旅游管理专业、部分旅游企业的主要负责人，举行“旅游管理专业建设发展研讨会”，讨论解决旅游管理专业发展面临的问题，为旅游管理专业的建设提供了全方位支持，特别是对专业人才培养模式、实训基地筹建等给予了大力的支持。

根据省委书记张德江同志的讲话精神，时任河源市委书记梁伟发表关于“后发河源”的报告，《河源职业技术学院“十一五”发展规划》明确规定把旅游管理专业作为学院“十一五”期间重点建设的专业。2005 年，旅游管理专业完成专业“十一五”发展规划的制定及系列制度建设。

1. 旅游管理专业“十一五”发展规划（2005—2010 年）

（1）加强校企合一与管理输出。学校参与企业经营，以此培养师资、创造效益，同时为学校提供学生实训场所，两者合二为一，真正体现职业教育的特色，发挥专业优势，实现市场导向办学。

（2）培养建设一支实践能力强，基础理论扎实，能够适应高职教育发展的“双师型”及专、兼职教师相结合的师资队伍。

（3）加强教师实践技术应用能力的培养，建设一支胜任高职教育发展的“双师型”师资队伍，选派青年专业课教师到各实训基地利用带队实习机会顶岗工作。

（4）与旅游企业建立以人才输出为合作点的校企深度合作，增加实习、实训环节中导师的比重，制定和实施实训教学制度，开发出新时期旅游应用型人才培养体系中的实践教学体系。

（5）选聘各实训基地和国内外知名旅游院校专家为本专业客座教授和兼职教师，

参与专业改革方案的制定，并定期来学校传经授艺。

（6）进一步加强实验室及实训基地建设力度，最终形成校内、校外相结合，能够充分满足学生课程实训、专业实习，教师培训等一整套的实验、实训场所。

2. 专业建设基本实施方案。规定宣传与调研、规划设计与启动、师资建设与项目落实及专业建设初见成效各个阶段的重点目标和实施要点

3. 关于“十一五”期间河职院“双师型”教师队伍建设的意见

其中，关于实施教师参加实践锻炼的措施明确规定：

（1）凡是没有在实践工作岗位工作过的35岁以下的青年教师，原则上应根据需要，有计划地安排到对口单位进行为期一年左右的锻炼（累计即可）；新分配的大学生由各系部根据其今后所承担的教学任务，安排在见习期内完成。

（2）各系部专任教师每年下企业锻炼的人数应达到部门总人数的5%~10%，且参与面要广，一般不允许重复下派。各系部要积极鼓励教师到生产一线实践锻炼，并做好部门规划。

（3）各系部于每年的6月上旬、12月上旬将本部门下一学期的参加实践锻炼的教师名单报教务处、人事处，经学院审批同意后实行，过时不再予以审批。

（4）接受教师实践锻炼的对口单位应确定为本专业的固定实习、实训基地，到实践中锻炼的青年教师应由对口单位予以考核，实习结束后，教师本人应完成不低于3500字的总结报告，交教务处，存入个人业务档案。

（5）青年教师在实践锻炼期间，教务处及其系部领导要联合对其进行考查，实事求是地做出鉴定，存入个人业务档案。

（6）下企业教师回校后要在系部以上范围内举行下企业实践成果汇报会，汇报自己在该阶段的学习收获、心得体会，由人事处组织同行专家评议并提出鉴定意见。

4. 河职院关于加强实习、实训基地建设的意见

为贯彻落实教育部《关于加强高职高专教育人才培养工作的意见》的精神，转变教育思想，深化教育改革，构建适应21世纪高等职业教育人才培养模式，加强河职院实习、实训基地建设，指导学校各有关部门做好实习、实训基地规划和建设工作，特提出如下意见。

（1）实践教学基地的建设工作是整个高等职业教育教学工作的重要组成部分，是培养高等技术应用型人才的基本条件之一。近一年来，我校在原龙川校区的基础上，充分发挥原校区实习、实训基地的优势，加大实践环节的投入，加大实训中心、计算机网络中心和理工实验室、实训室建设力度，加强了校外实习、实训基地的巩固和发展工作。但是，从高等职业教育全局看，实践教学基地建设仍然是一个薄弱环节。因

此，全校教师应积极投入到教育思想的大讨论中，从根本上明确高职教育的任务，人才培养模式，改革教育思想及教育观念，切实从培养适应生产第一线的技术应用型人才出发，加大实习、实训基地建设。

（2）实习、实训基地建设，应以培养学生技术应用能力和职业素质为宗旨，以行业科技和社会发展的先进水平为标准，以学校发展规划目标和所设专业的实际需要为依据，充分体现规范性、先进性和实效性。学校要充分发挥各系部积极性，加强工学结合、校企结合，建立一批优质稳定的校外实习、实训基地。在互惠互利的基础上，充分发挥社会教育资源的作用，采用与企业联合建设或与企业签订合同方式，使用企业现有设备，发挥企业技术人员和兼职教师的作用，承担实习、实训任务。要坚持科学性、先进性、实用性、一致性的原则，通过实际与模拟相结合，政府与学校合作等其他途径，使实习、实训基地建设方案与培养目标、培养方案、教学大纲高度一致。这种实习、实训基地在 2007 年底，每个专业应有 2~3 个，力争评估后，使我校的校外实训基地突破 100 个，以确保人才培养目标的实施。每年 12 月份，组织一次校外实习、实训基地负责人会议，重奖在教育、教学实习、实训基地建设上做出突出贡献的单位和个人。

（3）实习、实训基地建设，应遵循校内为主、校内外相结合，以教学为主，教学、科研、生产相结合的原则，多种渠道筹集资金，全面规划，分步实施，突出重点，兼顾一般，逐步形成高等职业教育发展需要的系列化校内外实习、实训教育基地。我校在充分发挥实训中心、计算机网络中心功能的同时，将成立工业中心。一方面，在校内形成多功能的、现代化的、产学一体的综合实习、实训中心，同时要扩大校外、省外实习，实训基地建设，同时还要与澳大利亚等国家的国际性实训基地合作，争取在 5 年内有 1~2 个基地进入国家级行列。

（4）在加强校内外实习、实训基地建设的同时，要加大校内外实验室投入，形成实验、实习、实训综合体。学校决定，按人才培养工作需求，在满足年生增设教学经费（指教学业务费、教学差旅费、体育器材维护费、教学仪器维修费、教学仪器设备购置费、图书资料购置费这六项直接用于全日制专科教学的经费之和）应高于 800 元标准基础，对学校教改试点专业、示范性专业重点实验室追加额外投入，建立高标准计算机中心、现代化教学中心，每年在实验室和实训基地建设上的投入不少于 300 万元。通过不断更新教学仪器设备，提高仪器设备的现代科技含量，逐步建立有利于培养学生的基本实践能力与综合技能的产学研相结合的多功能校内实验室的实习、实训基地。

（5）在加强实习、实训基地建设的同时，要实施优化教学资源配置、优势互补、协调发展、共同提高的战略。各系（部）、实验中心、现代教育中心等教育资源要优势互补，协同发展。

（6）在加强实习、实训基地建设的同时，要加强院校间实践教学资源的优化配置和共享，提高资源利用率。要加强与深圳职业技术学院等有关院校之间的实践基地协作，加大与国内名店、名厂、名集团的协作区，加大与先进国家实训基地协作区，为学生创造优良的实践环境。

（7）要加强对实践教学各环节的改革和管理。要尽快改变过去实践教学过分依赖理论教学的状况。各有关部门领导要积极组织教师进行实践教学的改革，探索建立相对独立的实践教学体系。在进行教学计划制订和调整中，实践教学应占较大比重，实习、实训与理论教学可执行双轨制。考试成绩可以单列，考核可以多样化、灵活化。要改革实践教学方法，建立开放式的实践教学运行机制，把“教、学、做”有机地结合起来，突破只限于感性认识和动作技能训练的旧模式，建立有利于培养技术应用能力、综合职业能力和职业素质、创业能力的新模式。要提高对校内外实习、实训基地组织管理的科学化、规范化水平和投资效益。

（8）充分发挥“实习、实训基地”的作用，加大人力投入培养“双师型”的队伍，一名专业教师不仅要有扎实的理论基础及较高的教学水平，而且要具备技术的应用与实际操作能力，只有这样才能在实践教学中得心应手地指导学生。也可在行业、企业内聘请有实践操作经验的人员作为兼职教师。

（9）突出“实习、实训基地”建设地位，重点培养生产、管理、服务一线人才，因此在实践教学中一定要强化技术应用能力、管理、服务等实践能力的培养，为毕业生获取“双证”（毕业证、职业资格证书）上岗就业奠定扎实的基础。通过“基地”的训练，扩大就业的机会。

（10）学院将依据现有专业的实际需要，在已有的实习、实训基地的基础上，力争建设系列实习、实训基地，在基地建设上要突破只限于感性认识和动作技能训练的旧模式，建立有利于培养技术应用能力的新模式，尽可能与生产、管理、服务一线相一致，提供仿真或全真的职业环境，让实习、实训基地成为学院产、学、研的重要场所。

（11）“实习、实训基地”建设要坚持与行业、地方经济结合的原则。高职、高专教育无论是专业设置、培养目标的确立还是技能的培养都离不开行业、企业的实际操作岗位，并且一定要结合河源及广东省的经济发展，在人才的培养上也要立足河源及广东省。通过实习、实训基地的建设，建立起有利于行业、企业对毕业生选拔任用的机制。

（12）加强重点实习、实训基地建设，创建一批高水平的实习、实训教学基地，与此相应，学校要建立高等职业教育实践教学基地，建设工作评比制度。在总结院级示范性专业评选工作的基础上，每年进行一次校内外实践教学基地评估，评选出5~10个校内外重点实习、实训基地，力争在 3 年时间内，使我院实习、实训基地建设工作全部达到合格标准，为我院高等职业技术教育健康发展奠定坚实基础。

## 三、运作情况

为了培养高素质技能型旅游管理专门人才，基于“工学结合”校企合作关系，专业紧密联系企业，针对重理论、轻实践的传统课程体系进行了改革，校企共同构建了基于职业岗位分析的、课证融合的课程体系。具体做法是：以河源市旅游局为主导，以旅游管理专业教学指导委员会为依托，以旅游管理专业对口的导游、计调、旅游市场营销、旅行社经理等职业岗位的任职要求为依据，参照国家旅游局导游人员资格考试和经理资格证考试标准，与河源万绿湖旅行社、河源青年旅行社、万绿湖风景区等旅游企业合作，根据导游、计调、营销、旅行社职业经理 4 个职业岗位，分析、确定旅游行业 27 项典型工作任务，典型工作任务归纳为 14 个行动领域，将行动领域转化为学习领域，然后基于工作过程，校企共同构建职业活动导向的工作过程系统化专业课程体系，这种课程体系符合高素质高技能人才培养目标。

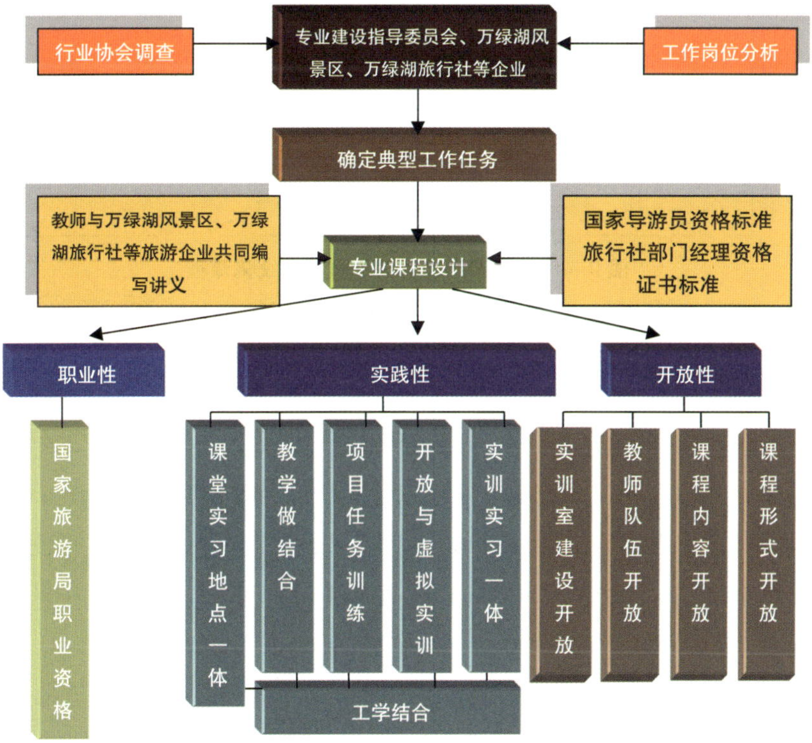


图 2-3　旅游管理专业工学结合课程开发过程

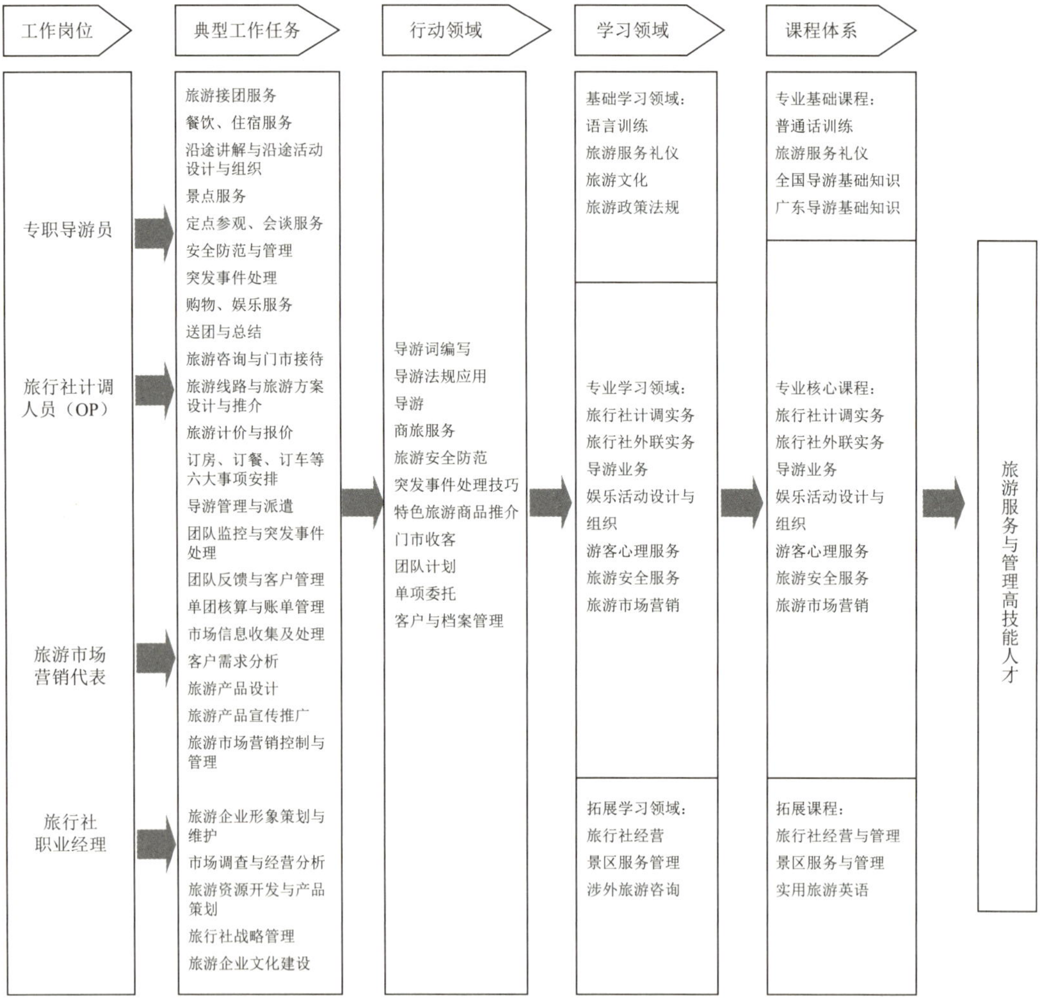


**图 2-4　旅游管理专业工作过程系统化课程**

每门课程的教学内容以涉及的职业岗位工作过程为依据，以具体项目为载体，以项目的具体任务为驱动，以职业能力培养为主线，以学生为主体，在做中学、学中做，实现理论与实践教学一体化。

在校企通力合作之下，专业实现内化创新发展，2005 年立项为校级示范性建设专业，同年加入河源市饭店业协会，2006 年将酒店模块独立开设为酒店管理专业，2007 年 5 月，旅游管理专业获批为广东省高职示范性建设专业。

万绿湖亦携同共进，2004 年，被评为“广东省著名商标”“东源县文明单位”，2006 年被评为“中国自然风光景区顾客满意最具影响力品牌”“中国最具吸引力的地方”“全国旅游业十佳信誉单位”“河源市承诺诚信单位”以及“东源县文明旅游区”。

# 第二节 “工学结合”校企合作模式典型案例

## 一、旅游与经济管理系（以下简称旅游管理系）教学指导委员会

### （一）组织介绍

根据“以服务为宗旨，以就业为导向”的高职教育办学方针，旅游管理系办学的基本思路是：坚持以需求为导向，以能力为主线，以对口行业为依托，在干中学，在学中干，实行校企耦合，齐抓共管。

蓬勃发展的旅游行业为河职院旅游管理系的发展提供了难得的良机，系部依托行业，服务行业，坚持走紧密型工学结合之路。

2004 年，系部着手筹备教学指导委员会；2005 年，根据行业发展实际情况和专业改革与发展需要，确定委员会成员主要由旅游学术专家和权威、旅游知名行政人员和旅游行业企业精英三部分组成。其中，委员会设主任 1 人，由旅游领域学术和教育专家、权威担任；副主任 4 人，由旅游行业知名行政人员和一名学院内部分管教学的院长担任；委员 12 人，由省市旅游行业知名行政人员及地方主要旅游企业负责人组成。

2005 年 4 月 19 日，河源职业技术学院旅游管理系教学指导委员会在河源市万绿湖旅游风景区正式成立。当天，河源市主管教育工作的温文斐副市长及广东省旅游局人事教育处处长梁晖分别发表了重要讲话。教学指导委员会的成立，为旅游管理专业的高质量发展提供了质量保障。

表 2–1 旅游管理系教学指导委员会（2005 年）

| 职务 | 姓名 | 工作单位 | 职务 / 职称 |
| --- | --- | --- | --- |
| 主任委员 | 张俐俐 | 华南理工大学旅游与酒店管理学院 | 院长、教授、博士 |
| 副主任委员 | 陈德清 | 河源职业技术学院 | 院长助理、副教授 |
| 副主任委员 | 毕斗斗 | 华南理工大学 | 博士、讲师 |
| 副主任委员 | 曲建国 | 河源职业技术学院旅游与经济管理系 | 主任、副教授 |
| 副主任委员 | 尤凤翔 | 河源职业技术学院教务处 | 处长、副教授 |
| 秘书长 | 俞彤 | 河源职业技术学院旅游与经济管理系 | 副主任、副教授 |

续表

| 职务 | 姓名 | 工作单位 | 职务 / 职称 |
|---|---|---|---|
| 委员 | 梁晖 | 广东省旅游局人事教育处 | 处长 |
| 委员 | 古敏生 | 河源市旅游局 | 局长 |
| 委员 | 韦荣 | 河源职业技术学院 | 副院长、副教授 |
| 委员 | 刘嘉瑜 | 河源职业技术学院 | 教授 |
| 委员 | 陈光烈 | 河源万绿湖风景区旅游发展总公司 | 总经理 |
| 委员 | 曾惠华 | 河源万绿湖旅行社 | 总经理 |
| 委员 | 陈美华 | 河源饭店业协会、华粤大酒店 | 秘书长、总经理 |
| 委员 | 江振鹏 | 河源饭店业协会、河源假日大酒店 | 会长、董事长 |
| 委员 | 杨惠强 | 河源饭店业协会理事、凯悦大酒店 | 总经理 |
| 委员 | 刘承海 | 河源野趣沟风景区 | 总经理 |
| 委员 | 杨磊 | 河源新世界酒店 | 副总经理 |
| 委员 | 黄艳芸 | 河源青年旅行社 | 总经理 |

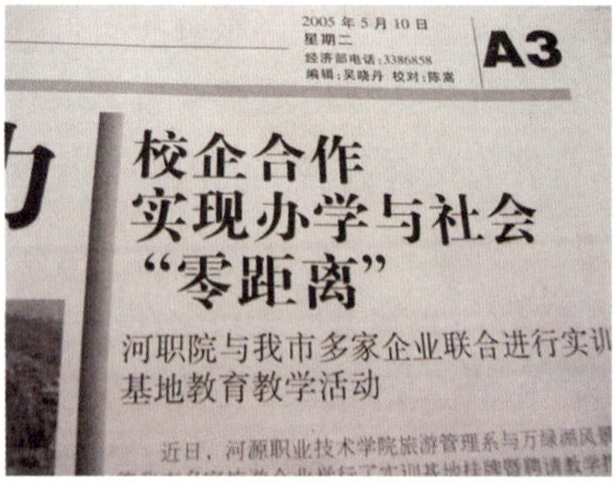
2005 年 5 月 10 日
星期二
A3
校企合作
实现办学与社会
“零距离”
河职院与我市多家企业联合进行实训基地教育教学活动

图 2-5 《河源日报》报道

市河职院与协会签订实训协议

图 2-6 《河源晚报》报道

图 2-7　活动现场

## （二）制度建设

第一届河源职业技术学院旅游管理系教学指导委员会商议制定章程，内容包括总则、组织构成、职责、组织活动与工作程序四个部分。

1. 总则

第一条　旅游管理系教学指导委员会是学院为实现我系教学的科学化、规范化、民主化管理，切实提高管理水平、教学质量和办学效益，保障人才培养目标的实现而成立的。为了充分发挥其职能作用，明确职责范围，特制定本章程。

第二条　旅游管理系教学指导委员会负责对本系各专业教学工作进行规划指导、咨询和监督，研究和决定教学管理工作中的一些重大问题。并负责修改和制定本会章程。

2. 组织构成

第三条　旅游管理系教学指导委员会会长由旅游学术专家和权威、旅游知名行政人员和旅游行业企业精英三部分组成。委员会设主任 1 人，由旅游领域学术和教育专家、权威担任；副主任 3~4 人，由旅游行业知名行政人员和一名学院内部分管教学的院长担任；委员任期二年，成员由学院研究确定。

3. 职责

第四条　旅游管理系教学指导委员会在主任领导下开展工作。在工作中要全面贯彻党的教育方针，认真执行关于教育、教学工作的要求，遵循教育和教学规律。在坚持对本系的教学工作进行深入调查研究的基础上，对本系的教学建设、教学改革、教学管理、教学研究与质量控制等方面提出建议和意见，为本系在这些方面的决策提供科学分析和指导。

第五条　专业建设。负责对该系专业设置进行调整，负责新增专业的论证和评估工作；根据需要及时提出制（修）订各专业教学计划和教学大纲的建议，提出制（修）订的原则要求并监督实施。

第六条　课程建设。负责重点课程和优秀课程的评选，负责对重点课程建设规划进行审议，对建设工作进行监督指导。

第七条　教材建设。审定该系自编教材规划和年度出版计划；指导该系的教材编著；对教材工作中的重大问题提出决策意见。

第八条　教学改革。对本系教学改革方案进行审议；指教会对改革执行结果及改革工作中出现的重大问题进行评价和研究，为决策机构提供科学的分析和判断；对本系教学方面的重要管理制度进行审议。

第九条　对教育教学研究课题立项进行审议，对成果进行验收评价。

第十条　负责对本系教师教学质量的评价工作进行监督和指导。

第十一条　负责审定学校的实践教学基地、实验室建设规划及实施方案，并根据情况适当调整。

4. 组织活动与工作程序

第十二条　教学指导委员会每学期至少召开一次全体成员会议，研究该系的教学工作和教学改革，并印发会议纪要。

第十三条　委员会各成员每学期要到教学第一线，深入一门课进行调查研究，每学期至少一次到有关教研室直接听取师生意见，以取得正确信息反馈。

第十四条　工作组织程序按学校有关文件规定执行，文件中没有规定的由委员会全体会议负责制定。

### （三）运作情况

旅游管理系教学指导委员会在专业定位和规划、专业及课程建设与改革、师资队伍建设、实践教学环境建设等方面均发挥了极其重要的作用。在专业教学计划方面，每年根据以学生为中心、以就业为导向、以服务为宗旨的高职办学理念，定期召开研讨会，开展行业调查、毕业生跟踪，科学、合理地对教学计划进行调整和修订，调整课程体系、教学内容、考试模式，不断完善人才培养模式，使毕业生满足社会、行业不断变化的需求。

其中，2005 年的教学指导委员会讨论并通过了委员会章程，审定了“旅游管理”专业教学计划及代表课程教学大纲，并就 2006 年河源职业技术学院新设专业“酒店管理”及“旅游营销”申报材料进行了详细的讨论。在申报材料的讨论中，委员会认为旅游营销专业的设置就目前来讲条件还不是很成熟和完善，暂且不考虑。在对旅游管理专业的设置上委员会提出了建设性的意见，即把旅游管理专业分成三个方向——旅行社方向、酒店管理方向、旅游风景区方向。此意见的提出给河源职业技术学院旅游管理专业指明了方向，为以后旅游专业的发展明确了目标。

系教学指导委员会兼顾学校与企业的需求，每年开展 5~8 场学术、人文或职业素养讲座，既可以丰富学生对行业的认知，也能拓展和加深学生对专业知识的理解，同时满足企业员工接受继续教育的要求。

**表 2–2 2005 年讲座目录**

| 序号 | 讲座主题 | 主讲人 | 讲座时间 | 内容概要 |
| --- | --- | --- | --- | --- |
| 1 | 做人从树立良好的专业品质开始 | 曾惠华 | 2005 年 3 月 10 日 | 职业素养与个人品牌树立 |
| 2 | 旅游企业人力资源开发 | 张俐俐 | 2005 年 4 月 19 日 | 人力资源管理的发展历程、人力资源管理面临的困难和挑战、如何分析挖掘人力资源、人力资源的管理方式等 |
| 3 | 发现万绿湖——兼谈旅游资源评估方法 | 高仁泽 | 2005 年 5 月 17 日 | 用通俗的旅游资源开发理论与万绿湖开发的案例有机结合，真实、生动地描述了万绿湖的发现与开发历程，详细阐述“主张开发者”“主导开发者”和“开发的主干者”，牵动和震撼着无数热爱万绿湖人的心，再现万绿湖人“百折不挠”的“万绿精神” |
| 4 | 开发万绿湖——兼生态旅游产品的模式和创新 | 高仁泽 | 2005 年 5 月 23 日 | 主讲旅游资源的评估方法、生态旅游产品的模式和创新，对旅游专业知识的学习和旅游企业的管理和经营具有重要指导作用 |
| 5 | 理论与实践的转换 | 吴良生 | 2005 年 6 月 20 日 | 讲述了理论学习的特点和实践学习的特点以及通过教学模拟法这个桥梁使两种方式达到有效的结合 |
| 6 | 广东旅游业发展情况 | 毕斗斗 | 2005 年 10 月 10 日 | 将广东作为一个参照物，与中国各大旅游省区和东南亚等地区进行比较，围绕“旅游业的发展、地位、特点、影响”，介绍广东省旅游业的发展概况 |
| 7 | 导游面试技巧 | 赖金凤 | 2005 年 9 月 14 日 | 导游考试评分规则 |
| 8 | 导游讲解技巧 | 赖金凤 | 2005 年 11 月 10 日 | 导游讲解的准备工作及应变技巧、客家山歌 |

河源日
张俐俐到我市作学术报告
主题：旅游企业人力资源管理
本报讯（记者 黄春胜）近日，华南理工大学旅游与酒店管理学院院长张俐俐到我市作了一场主题为“旅游企业人力资源管理”的
际案例，将人力资源管理的一般原理与旅游企业的实践结合起来，完整、系统地介绍了旅游企业人力资源

图 2–8 《河源日报》报道

图 2–9 讲座现场

## 二、河源职业技术学院实训基地

### （一）组织介绍

2005年，为加强学生实践能力训练，培养应用型的旅游管理专业人才，甲方河源职业技术学院、乙方东源县万绿湖旅游发展有限公司经友好协商后，本着互惠互利的原则，就共同建设旅游专业实训基地事宜达成一致，正式签订合作协议，并于万绿湖风景区挂牌“河源职业技术学院实训基地”。

图2-10　实训基地挂牌仪式现场

图2-11　实训基地牌匾

### （二）制度建设

为完成校企的有效对接，落实实训项目的有效推进，保障校企生三方的合法权益，2005年，校企双方先后签订“实训基地建立协议”“实习操作协议”及“课程见习操作协议”。其中，“实训基地建立协议”包括合作基本原则、实训方式、双方责任、实训指导老师、实训津贴、实训时间及相关安全规定等七大方面的内容。

1. 明确合作基本原则

（1）双方合作时间为三年。

（2）双方同意共建“河源职业技术学院实训基地”，并在乙方大门处挂牌。

（3）双方共同成立旅游管理专业指导与管理委员会，全面负责实训计划、实训安排和管理。

（4）双方实行在人才培养、培训、管理开发、课题研究方面的友好合作。

2. 明确实训方式

（1）岗位实习：安排在每年旅游旺季，由乙方提供若干工作岗位，实训人员直接上岗操作和服务，主要工种为景区服务员或基层、中层管理。

（2）课程见习：见习是指根据教学课程进行相应的见习实训，内容包括基本服务技能、基本操作示范、企业运营、工作制度和相关的工作纪律，以完成上述单个课题为目的的实操练习或观摩环节，每次见习时间通常在 10 天以内。通常安排在旺季前夕或者根据该方向的主干业务课程的需要而定。

（3）旺季对乙方支援：是指当旅游旺季来临时，乙方的员工数量不足以应付大量游客的到来，而必须临时性聘请能够熟练操作业务的学生或教师，同时给予相应的工作报酬。

（4）教师专职服务：安排相应对口方向的教师或带队老师在实训基地挂职，参与乙方工作，承担乙方相应课题研究，并负责实训学生的管理监督和实训成绩的鉴定。

（5）双方共同制定学生的实训方案：具体确定实训时间安排、实训岗位、工作时间、实训指导教师、实训操作规程、实训教材（讲义）开发、实训经济补助、实训考核办法和要求等。

3. 明确双方责任

甲方：

（1）负责组织和管理学生。按照乙方提供的岗位安排学生实训，灵活调整教学计划以适应乙方的实训时间要求，并保证实习的持续性。

（2）甲方实训人员在实训期间内必须严格遵守乙方的管理制度和各项工作纪律。

（3）甲方实训人员不得在双方约定的实训时间里无故单方面中断协议实训，必须服从乙方的任务安排并按质按量完成工作任务。

（4）参照企业管理模式建立实训生管理制度，保证学生在实训期间遵守乙方的规章制度及工作纪律。

（5）配合乙方对实训生进行教育和操作指导。并制定相应的实训成绩评定办法，协助乙方对实训生的成绩进行评定。

（6）甲方每月必须为乙方员工提供一次以上的培训机会，种类包括各种形式的讲座、教育影碟放映、课堂旁听。由实训教师负责协调和落实。

（7）任何形式的实训安排以不得扰乱企业的营业和管理为原则。

（8）甲方所掌握的旅游信息，乙方无偿共享。

乙方：

实习：

（1）负责提供工作岗位，明确岗位名称、职责及要求。

（2）乙方向甲方提供实习人员的实训津贴。

（3）学生在实训期间，提供明确各岗位配置的实训指导老师，负责实操技能、岗位职责的培训与指导及实训成绩的评定和总结评语。

（4）在学生实训期结束后，负责对学生做出实训成绩评定。

（5）安排或推荐毕业生就业。

见习：

（1）见习要求实训基地按照实训导师的要求给予适当岗位的安排，尽力协助配合、满足实训导师关于实训教学上的要求。

（2）见习要求乙方对参加见习的全体师生免门票。

（3）同等享受景区内的正式员工的一切免费待遇，但不承担其他费用。

旺季临时聘请导游或其他工作人员：

（1）乙方发出需要支援的人员规模。

（2）甲方派出人员必须为能够熟练完成业务的学生或教师。

（3）乙方必须根据增加人员数量和工作时间（以每天每人_______元计）向甲方提供相应的工作报酬（正在实习过程中的师生除外）。

4. 明确双方实训指导老师

（1）甲方向乙方输送实训教师，以全职担任景区相关职位，挂职时间不少于十个月。

（2）甲方必须连续服务，服务期间在学院不担任课程教学。

（3）实训教师的职责：

①参与景区工作，服从景区的工作安排，并负责实训学生的管理监督和实训成绩的评定。

②研究制定和适时调整学生实训方案，包括实训时间安排、实训岗位、工作时间、实训经济补助，研究开发实训操作规程、实训教材（讲义）、实训考核办法和要求等。

③每期至少承担一个关于该实训基地的研究课题（由乙方指定或推荐），向乙方提供研究报告的书面材料，并在相关刊物上发表一篇以上对该单位有一定意义的文章或研究成果。

④实训教师必须协助、安排和完成甲方对乙方的培训任务。

（4）实训教师在为乙方服务期间实行工作量化考核制度，由乙方给予工作评定。

（5）实训教师在实训期间按乙方正式员工对待和管理。

5. 确定实训津贴

（1）实训教师：在实训期内享受每月人民币壹仟元整（1000元）的工作薪金（每月与景区员工同时发放）。

（2）学生：

实习：乙方每年向甲方分期支付学生实习补贴人民币叁万元整（30000 元）（包括：学校到市区的交通费、餐费、津贴补助）。

见习：所有交通、食宿由甲方自行承担。乙方仅负责协助安排见习岗位（自己承担训练过程的费用，因此通过这个过程后可以直接使用）。

6. 确定实训时间

（1）学生实习的时间安排为每年的 5 月、7 月、8 月、10 月，共 4 个月。

（2）见习的时间多安排在学生的大一阶段，或者实习前夕。

（3）教师的实训时间每年按 10 个月计算，每年更换的教师人数不得超出两名。

7. 明确劳动安全规定

以《中华人民共和国劳动法》的有关规定为处理原则，在工作时间由乙方负责。由于个人原因违反规章制度及工作纪律或给企业造成损失的，其处理方式由甲、乙双方共同商定。非工作时间由甲方负责。

### （三）运作情况

旅游管理专业于 2005 年开始，定期选派学生到万绿湖风景区、万绿湖旅行社等多个旅游企业开展实习教学活动，其中，“五一”和“十一”两个黄金周的实习安排记录如下表所示。

表 2-3　旅游管理专业 2004 年 9 月至 2005 年 11 月年学生实习记录总表

| 实习时间 | 实习班级 | 实习地点 | 实习人数 | 负责人员 | 带队老师 |
|---|---|---|---|---|---|
| 2005 年“五一”黄金周 | 2004 级旅游管理班 | 万绿湖旅行社 | 7 | 黄钱英 | 杨红霞 |
| | | 河源新丰江旅行社 | 4 | 李小蜂 | 杨红霞 |
| | | 河源大自然旅行社 | 5 | 曹少芬 | 杨红霞 |
| | | 河源青年旅行社 | 4 | 李周辉 | 杨红霞 |
| | | 河源假日酒店 | 24 | 谢松纹 | 张林华 |
| | | 万绿湖旅游风景区 | 13 | 林惜君 | 杨红霞 |
| | | 野趣沟旅游风景区 | 18 | 管军 | 杨红霞 |
| | | 黄龙岩旅游风景区 | 2 | 周丽琴 | 杨红霞 |
| | | 越王山旅游风景区 | 2 | 杨秀环 | 杨红霞 |

续表

| 实习时间 | 实习班级 | 实习地点 | 实习人数 | 负责人员 | 带队老师 |
|---|---|---|---|---|---|
| 2005年“十一”黄金周 | 2004级、2005级旅游管理班 | 万绿湖旅行社 | 8 | 黄小平 | 张林华 |
| | | 河源旅游总公司 | 2 | 邓昕原 | 张林华 |
| | | 河源新丰江旅行社 | 4 | 叶丽琼 | 史万莉 |
| | | 河源青年旅行社 | 5 | 冯素艳 | 史万莉 |
| | | 万绿湖旅游风景区 | 29 | 李德春 | 史万莉 |
| | | 野趣沟旅游风景区 | 36 | 官亚 | 张林华 |
| | | 越王山旅游风景区 | 4 | 钟瑞群 | 张林华 |
| | | 苏家围旅游风景区 | 4 | 周映聪 | 张林华 |
| | | 黄龙岩旅游风景区 | 2 | 李小蜂 | 史万莉 |
| | | 东江野战俱乐部 | 2 | 罗明亮 | 史万莉 |

## 三、教师团队建设

### （一）组织介绍

根据旅游管理专业“十一五”发展规划建设目标，专业以能力培养为主线，在2005—2010年，培养建设一支实践能力强、基础理论扎实、能够适应高职教育发展的“双师型”及专、兼职教师相结合的师资队伍。

在“工学结合”期间，校企展开相互交融、“零距离”的合作。一方面学校在选派学生到万绿湖参加工作实习的同时，选派专业教师挂职万绿湖，以了解企业运行动态，助力专业教师与时俱进，提高其知识的更新能力及解决实际问题的能力；另一方面从万绿湖邀请相关资深专家到学校任教，包括邀请旅游界的专家、企业家到学校举办学术讲座。

在合作过程中，校企合作团队在培养目标、教育计划、教学环节、教学内容、教学方法、教师聘任、教学设施建设、教育资源、组织管理、招生分配等各方面进行广泛合作，共同育人，为河源旅游产业输送人才，为河源经济发展做贡献。

### （二）制度建设

教师团队的工作及活动按河职院的相关规定要求执行，目前，学校对于兼职教师的规定主要有《河源职业技术学院教师进企业实践管理办法》《外聘教师聘用与培养管理程序》《河源职业技术学院客座教授管理办法（试行）》《河职院“双师”素质教师认定管理程序》及《关于“双师”双向交流的实施意见》。

为改善教师知识结构，培养“双师型”素质教师和“双师结构”教学团队，学校根据教师下企业锻炼以及聘请企业的能工巧匠到学校兼职的实际情况，在《关于“双师”双向交流的实施意见》中，对“双师”双向交流的界定、具体内容和组织实施做出说明。

1.“双师”双向交流的界定

（1）学校选派教师到合作企业学习、锻炼，通过学习获取企业先进的新知识、新技术、新工艺和新方法，多方面、多途径培训专任教师，充实专任教师的“双师”素养。

（2）聘请企事业单位的专家、技术骨干、能工巧匠到学校担任兼职教师，传授实践技能和知识技术的应用。并创造专任教师和兼职教师交流的机会，如在筹建专业实验、实训室，组织教研活动等方面，积极邀请兼职教师参与，认真听取他们的意见建议。让兼职教师指导校内教师的实践教学活动，安排专任教师和兼职教师结成对子，互通有无，取长补短等。

2.“双师”双向交流的具体内容

师资交流：

（1）各系部根据教学任务的安排情况，每年选派一定数量的教师到企业锻炼学习，具体按《河源职业技术学院教职工培训管理程序》文件执行。

（2）各系部结合课程需要，聘请企事业单位的能工巧匠到学校担任兼职教师，主要承担部分专业实训课及相关课程的教学任务。具体按《河源职业技术学院兼职教师聘用与培养管理程序》文件执行。

（3）各系部要积极推介优秀教师为企业职工进行培训，也可推介学校高层（院、部领导）担任企业顾问，定期进行系列讲座。

教学交流：

（1）共同研讨专业建设方案、专业课程建设和资源建设。各系部与相关企业根据产业人才需求情况，共同开发相关专业核心课程，建立突出职业能力培养的课程标准。相关企业提供相关职业资格标准、行业技术标准、相关岗位知识与技能要求等资料。

（2）各企业利用自身在相关应用项目实践中的各种素材，不断丰富系部的教学资源库，包括重大项目可对外披露的设计文档、架构图、流程图、实施关键控制点、PPT、视频资料、新产品样机等。

共建教学实训基地：

为促进校企深度合作，各相关企业协助校方建设相关实训室，提供实训解决方案，并给予一定的支持。实训基地的建设要有效地解决校方新专业建设过程中所涉及的课程设计、人才培养方案、培养目标的制定及配套实训设备投入等问题，加快专业建设步伐，抢占发展先机。

实习实训指导：

各系部与相关企业签订合作协议，结合相关企业的实际情况制定顶岗实习、工学结合计划（包括学生人数、专业、实习时间、实习内容、负责人等），经双方确认后执行。实习期间，校方需派出实习带队老师负责具体实习实务，保证学生遵守有关法规和相关企业的管理制度。企业派一线能工巧匠指导学生实习，提高学生的实际动手能力，积累实际经验。

技术交流：

（1）双方合作进行各种类型、各个层次的科技项目研究开发，可以通过相关媒体刊登相应的科研成果，具体按《河源职业技术学院校企合作实施办法》执行。

（2）校企联合参与行业活动，双方利用各自的优势资源，在符合当地区域经济特色的各种行业项目中深层次合作，发挥高校与企业双方各自优势，构建“双师”双向交流、校企双向服务的机制，借助双方的师资、技术、场地、设备的优势，以项目合作形式开展核心课程建设、新产品的研制、高技能与新技术培训、继续教育等方面的合作。同时，争取政府支持，共同研究、共同开发、共同实施，促进地方经济发展。

（3）校企双方利用各种学术会议、行业会议和有关推广资源，推荐介绍对方，以提高双方的知名度和影响力。

文化交流：

（1）学校与企业合作举办多样化的活动（校企合作交流会、企业文化活动、企业调研活动、创业大赛、创业成果展示等），为在校大学生推介校企合作项目。这些活动可邀请政府部门、媒体、企业家、专家教授等前来参加。

（2）聘请企业相关专业的中高层领导为学校客座教授、专业带头人或兼职教师，参与学校内涵建设，或开展企业文化与管理实务的系列讲座。学校相关专业的教师为企业进一步凝练和提升企业文化提出好的建议。

### 3.“双师”双向交流的组织实施

（1）各系部办公室负责“双师”双向交流的组织实施。为实施双向交流并提高工作效率，各系部与相关企业要成立双向交流联络的工作小组，工作小组由双方各委派 1 至 2 名工作人员组成。联络小组负责日常联络工作，提出阶段性合作计划，协调解决交流中的有关具体问题。

（2）原则上，每个专业每学期与相关企业和兼职教师的交流 3 次以上。每次交流要做好记录，各系部负责检查本院部“双师”双向交流情况，组织人事处负责检查各系部“双师”双向交流情况。

（3）各系部定期走访企业人事部门负责人，了解企业发展情况、人力资源需求情况和在岗员工技术、技能提升的需求，及时为企业发展提供人才培训服务，落实双师双向交流计划，分析、交流工作的开展情况。

### （三）运作情况

从 2004 年至 2007 年间，河职院旅游管理专业教师与万绿湖企业员工实现双向交流。企业介入高职教育的办学过程，参与新专业设置论证、教学计划开发、课程开发、毕业设计与论文指导等环节，同时接收毕业生实习训练。专业教师在带队实习的过程中为企业提供业务指导与培训，并选派新入职的教师朱智到企业挂职 5 个月，参与到企业的经营管理中。双方互相促进，取得良好的效果。

（1）企业导师参与教学

企业导师在参与教学指导委员会事务之余，主要参与专业的实习实训教学工作，在学生实习期间，对其给予业务指导。

表 2-4　旅游管理专业校外兼职实践指导教师一览（2005 年）

| 姓名 | 所授课程 | 所属企业及职务 |
|---|---|---|
| 陈光烈 | 毕业设计 | 河源万绿湖风景区旅游发展总公司总经理 |
| 刘承海 | 景区服务综合实训 | 河源野趣沟风景区总经理 |
| 曾惠华 | 导游服务技能实训 | 河源万绿湖旅行社总经理 |
| 杨惠强 | 餐饮技能实训 | 凯悦大酒店总经理、河源旅游饭店业协会理事 |

（2）专业教师挂职企业

2007 年 3 月 5 日至 8 月 7 日，朱智老师挂职万绿湖风景区行政人事部。在挂职期间，朱智协助行政人事部完成了相关公司管理制度和办事流程的制定及完善工作，包括《万绿湖旅游发展有限公司管理制度》《安全生产管理制度》《公务车管理办法》《公文处理规定》《公文传递管理办法》《会议室管理办法》《福利管理办法》《员工请休假管理办法》《员工工作服管理办法》《员工餐厅管理办法》《钥匙管理办法》《工作证管理办法》一共 12 份管理制度，以上制度和流程后来都运用到公司的日常管理中。

同期，朱智老师协助景区导游部完成实习生工作事宜，根据景区要求安排学生到相应岗位实习，协调、解决学生实习过程中存在的问题，关注实习生的思想动态及工作情况，并负责学生实训成绩的评定，有效地保证了实习生工作的顺利进行。

另根据公司需求，朱智老师配合行政人事部制定《2007年第一期员工培训计划（新员工培训计划）》，安排唐继旺和杨红霞老师协助景区完成了对新进员工的培训工作；对景区验票系统存在的相关问题进行了分析和探讨，提出了相关改进措施和办法；同时在经过调研后，撰写报告《万绿湖企业文化的探讨》，对企业文化的建设提出了相关建议和意见。

通过挂职，朱智老师对本专业设置3年来与企业合作培养人才模式进行了实地观察及调查研究，总结分析旅游管理专业教学改革模式的方向；同时找出企业需求与学校人才培养之间的矛盾和分歧，探索出一条学校人才培养和企业发展双赢的道路。该调查于2009年，以《河源市旅游景区人才需求现状及对策分析》为题公开发表。

**表2-5　万绿湖新入职员工岗前培训课程安排（2007年）**

| 日期 | 时间 | 课程名称 | 授课人 |
|---|---|---|---|
| 3月25日 | 9:00~11:00 | 《有效沟通》 | 唐继旺 |
| 3月25日 | 14:30~16:30 | 《公司发展历程及前景展望》 | 陈光烈 |
| 3月26日 | 10:00~12:00 | 《个人礼仪》 | 杨红霞 |
| 3月26日 | 14:30~16:30 | 《企业职业道德建设》 | 周维国 |
| 3月27日 | 9:00~11:00 | 《河源旅游业概况》 | 邝国辉 |
| 3月28日 | 上午9:00开始 | 参观各景点及新员工植树活动 | |

# 第三节　“工学结合”校企合作模式代表性成果

## 一、“工学结合”校企合作模式成果概况

在“工学结合”的校企合作模式下，学生培养全过程的绝大部分内容由学校、企业合作完成，企业逐步成为“育人主体”的一部分；学校主动参与企业新产品开发、技术改造等企业发展活动，协助企业完成营造“学习型企业”的任务。旅游管理专业在与万绿湖合作的过程中，双方遵循校企合作、互利双赢的基本原则，以理论教学必须够用为度，以培养学生的职业技能为重点，以对口岗位实际操作为基本途径，将理论教学与实践教学融为一体，共同完成实用型专业人才的培养。

## 二、“工学结合”校企合作模式代表性成果

### （一）专业建设

旅游管理专业于2005年立项校级示范性建设专业，2006年通过验收，2007年5月立项成为广东省高职示范性建设专业。在专业设置方面，由专业完成产业调研，2005年经教学指导委员会充分论证，计划将旅游管理专业分为三个方向——旅行社管理、酒店管理、旅游风景区管理；2006年正式将酒店方向的教学独立为“酒店管理专业”，“旅游管理专业”仍设两个方向——旅行社管理、旅游风景区管理。从此，旅游管理与酒店管理专业并驾齐驱，为河源、珠三角旅游行业培养了越来越多的骨干力量。

其间，教学指导委员会对人才需求预测、产业发展前景分析、人才培养目标、教学计划安排、主干课程设置、能力结构要素、专业开办条件以及专业建设的社会可利用资源等方面进行评议、论证、审核；在此基础上，指导着旅游管理专业坚持“大专业、细方向”的专业设置特色和“宽基础、活板块”的课程设置特色相结合。

“大专业”是指适应旅游大产业的发展设置本专业，培养旅游管理应用型人才。“细方向”是指根据旅游业的不同行业特点设置专业方向，培养适应不同旅游行业特点的应用型人才。依据行业的需要设置专业，开创出适合高职院校大专生的培养模式，培养学生充分掌握实用技能，灵活应用相关理论，顺利进入银领阶层。

“宽基础”，指大学低年级阶段课程设置为专业必修课，主要目标是为学生进一步学习打下宽厚的基础。为此，大学一年级开设12门必修基础课程。“活板块”，主要指大学2、3年级阶段课程设置体现出较强的灵活性。第一，专业根据社会需要，在合适的时机设置不同方向（旅行社、旅游景区方向）的多个限选板块课程和选修课程板块。第二，学生根据发展方向，自己灵活选择专业限选板块。第三，专业选修课程板块设置了旅游管理专业理论和技能拓展课程，科学地将课堂讲述、示范和实训的比例调整为2∶0.5∶1.5，三者紧密结合，更好地提高学生学习的兴趣和动手能力、独立的分析判断能力和运用水平。

通过这种产销链接的形式，学校专业设置的定向是明确的，专业建设的目标是清晰的。正是由于这些专业瞄准社会需求，突出办学特色，培养用人单位急需的旅行社、风景区、酒店等服务岗位的应用型专门人才。

### （二）师资建设

除了万绿湖的企业导师与专业教师开展互动交流之外，旅游管理专业聘请华南理工大学旅游学院的两位专家、博士任教。

张俐俐博士：教授，经济学博士，曾留学法国、新加坡等国家，在国际刊物上发表过多篇论著，出版的个人专著十多部，承担国家科研项目近十项，被评为海南省科学特殊贡献奖。受聘为旅游管理专业客座教授，主要提供高水平讲座。

毕斗斗博士：讲师，管理学博士，主要从事旅游经济管理与旅游规划、第三产业经济管理方面的研究，出版著作《旅游安全实务》《会展管理的理论、方法与案例》《旅游市场营销》《旅游规划案例》《广东省服务业发展与改革研究》等。受聘为旅游管理专业客座教授，主讲课程《旅游市场营销》，64学时。

以上客座教授的讲座或课程同时向专业学生与万绿湖员工开放，令校企共同受益。其中，毕斗斗博士在河源期间完成广东省自然科学基金项目（编号：06025041）相关课题的调研，对河源市文化旅游资源整合、品牌提升、旅游产品创新和旅游综合效益的提高提出建议。其调研结果于2008年以《河源市文化旅游资源开发模式研究》为题公开发表。

### （三）课题及论文

2007年，专业教师结合课程改革、人才培养模式改革、校企合作积极开展教学研究，申报并获得立项省级教改课题1项：2007年度广东省职业技术教育综合改革推进计划创新人才培养模式和保障体系重点研究项目——“融‘教、学、做’为一体的工学交替教学模式的研究、实践与推广”，该课题是以旅游管理专业的校企合作模式为主要研究内容，相关经验在校内进行了推广。另有校企合作成果课题，市、校级课题各1项，发表论文1篇。

表2-6　科研成果一览表（2007年）

| 序号 | 课题名称 | 主持人 | 课题来源 | 立项时间 |
| --- | --- | --- | --- | --- |
| 1 | 融“教、学、做”为一体的工学交替教学模式的研究、实践与推广 | 刘安华 | 广东省教育厅 | 2007 |
| 2 | 企业人力资源管理和开发——以万绿湖发展有限公司为例 | 朱智 | 河源市科技局 | 2007 |
| 3 | 高职院校旅游管理专业人才培养模式研究 | 胡晓晶 | 河源职业技术学院 | 2007 |

续表

| 序号 | 论文名称 | 作者 | 论文概述 | 发表时间 |
| --- | --- | --- | --- | --- |
| 4 | 万绿湖的生态环保之路 | 朱智<br>陈光烈<br>周维国 | 文章通过对万绿湖风景区10多年来旅游发展历程的研究，探讨和分析了万绿湖生态旅游的开发模式的内涵——走生态环保的可持续发展之路。这种“生态环保”旅游的开发模式对湖泊型资源的旅游开发必将起到示范和借鉴作用 | 2007 |

## （四）课程建设

为了贯彻教育部《关于全面提高高等职业教育教学质量的若干意见》（教高〔2006〕16号）文件精神，旅游管理专业大力推动课程建设，建立了网络课程、合格课程、优质课程、精品课程等完整科学的课程体系。2007年，校企合作课程《导游业务》正式立项为校级精品课。

专业在开展以“6+2”为原则的课程整体设计和单元设计的基础上，普遍采取了项目导向、任务驱动等教学模式，以课程涉及的职业岗位工作过程为依据，以具体的项目为载体，以项目所包含的任务为驱动，在具体教学中以学生为主体，在教中学、学中做，实现理论与实践教学的一体化。充分调动了学生学习的主动性和积极性，提高了教学效果。

## （五）学生成果

学生在三年大学期间，先后在万绿湖风景区、万绿湖旅行社等实训基地完成见习、实训或实习，有效地提高了个人的表现力和业务能力。得到充分锻炼的同学，在职业资格证考试、技能竞赛、社会活动等方面都有良好的表现。

1. 职业资格

为增强学生的就业竞争力，重点培养学生扎实的职业技能，专门开设了职业技能考证课程，学生需要考取普通话等级证书、国家导游员资格证或河源市景点讲解员证、劳动部中级前厅客房服务员资格证、劳动部中级餐厅服务员资格证等相关职业资格证书，除国家导游员资格证书通过率稍低外，其他证书的通过率均为100%。通过专门的技能训练，学生已具备基本的职业能力水平。

表2-7　普通话等级证书（三甲以上）通过率汇总表

| 年级 | 参加人数 | 通过人数 | 通过率（%） |
|---|---|---|---|
| 2003级 | 34 | 34 | 100 |
| 2004级 | 59 | 59 | 100 |

表2-8　2005—2006年全国导游人员资格考试通过率

| 参加人数 | 通过人数 | 通过率 | 参加日期 |
|---|---|---|---|
| 29 | 20 | 68.97% | 2005年3月国导考试 |
| 67 | 37 | 55.2% | 2005年9月国导考试 |
| 20 | 16 | 80% | 2006年3月国导考试 |
| 59 | 36 | 61% | 2006年9月国导考试 |
| 统计数据由河源市旅游局提供 | | | |
| 其中，06届（2003级）毕业生34人，有31人参加全国导游人员资格考试并获得证书，最终通过率为91.2%。 | | | |

表2-9　河源市景点讲解员证通过率汇总表

| 年级 | 参加人数 | 通过人数 | 通过率（%） |
|---|---|---|---|
| 2003级 | 34 | 34 | 100 |
| 2004级 | 59 | 59 | 100 |
| 2005级 | 105 | 105 | 100 |

2. 技能竞赛

2006年9月，2005级学生张文婷参加“御临门温泉杯”中国旅游小姐大赛河源赛区比赛，以总分第二的优异成绩进入本赛区总决赛。2007年5月，2005级学生汤瑜娜参加“第一届河源市十佳导游大赛”，荣获“十佳导游”称号。

3. 社会活动

为了加强学生职业素质的培养，学校定期邀请旅游行业的领导和专家进行专题讲座，新生入学后，都有机会聆听高水平的“旅游从业人员职业素养”的系列讲座，从2004年至2006年共举办了12场，激发了同学们对本专业的学习热情，培养了他们适应社会竞争的健康心态。

在2004年至2006年间，本专业学生先后参加了广东省高校校长联席会议、河源客家旅游文化节、世界旅游小姐大赛等大型活动的接待服务工作，在了解社会、接触实际工作的同时，开阔了视野，积累了经验。

4. 就业

2006 届、2007 届学生作为学院第一、二届旅游管理毕业生，作为当时河源市该专业人才的最高学历人员，毕业在即就受到了河源市旅游业内的极大关注。事实证明，无论是专业技能上的掌握，还是整体综合素质，这两届毕业生都表现出来较高的水平。其中，2006 届 2003 级旅游管理班，全员 34 人，男生 15 人，女生 19 人，通过“国家导游资格证”“全国英语应用能力 A 、B 级考试证书”的占三分之二以上。学生就业工作的开展顺利，就业率达到 100%。

## 三、校企合作典范人物

校企合作以来，依次有旅游管理专业毕业生顺利入职万绿湖，如 2006 届毕业生刘春燕、古建新、游小锋、赖建彬、伍记珍，2007 届毕业生黄小平，2008 届毕业生张凤金、赖珍冬等。同学们积极发挥个人能动性，逐步成长为万绿湖的骨干力量。

图 2-12　2006 届毕业生刘春燕

刘春燕，河职院旅游管理专业 2006 届毕业生，其丰富的工作经历不仅见证了个人的成长与蜕变，更成为了校企合作成果的生动注解。

2003 年入读河职院旅游管理专业后，刘春燕不仅掌握了扎实的旅游理论知识，还通过参与校企合作项目，获得了在万绿湖旅行社实习的宝贵机会。2006 年毕业后顺利入职万绿湖旅行社并转正为正式导游员。这段经历不仅让她将所学知识应用于实际工作中，还锻炼了她的沟通能力，提高了服务意识，为后续的职业发展奠定了坚实基础。

随着职业生涯的推进，刘春燕在万绿湖旅行社的岗位上不断晋升，从业务员到国内部计调员，再到业务计调部经理，她积累了丰富的业务经验和管理能力。在担任业务计调部经理期间，她带领团队成功策划并执行了多个大型旅游项目，不仅提升了旅行社的业务水平，还为校企合作项目提供了丰富的实践案例和教学资源。

自2014年起，刘春燕开始担任万绿湖旅行社总经理助理，这进一步提升了她的管理水平和视野。在此期间，她积极参与校企合作项目的策划与实施，推动公司与河职院等高校建立更加紧密的合作关系。通过校企合作，公司不仅获得了高素质的人才支持，还提升了企业的品牌形象和市场竞争力。

2019年后，刘春燕的职业生涯迎来了新的转折点。她加入广东万绿湖旅游经营管理有限公司，担任行政部经理（挂经理级），并随后成为市场营销中心经理。在此期间，她不仅推动了公司行政管理的规范化、制度化，还带领团队积极开拓市场，提升品牌影响力。同时，她还兼任河源市万绿湖文化传媒有限公司总经理，致力于旅游与文化产业的跨界融合与创新发展。

刘春燕的成长经历与职业发展历程，正是校企合作优秀成果的生动体现。

# 03 第三章

# 深耕：产教融合模式的创新发展

# 第一节　“三通共享”产教融合模式

## 一、“三通共享”产教融合模式

### （一）产教融合背景

2010年,《国家中长期教育改革和发展规划纲要（2010—2020年）》明确指出，职业教育的发展应以质量提升为核心，秉持服务社会的宗旨，紧密围绕就业市场需求，深化教育教学改革。具体策略包括实施工学结合的教学模式、强化校企合作以及推行顶岗实习，旨在构建高质量的人才培养体系。同时，规划强调建立并完善由政府引领、行业指导、企业深度参与的办学机制，通过立法手段促进校企合作制度化，确保合作长效运行。

2012年,《广东省人民政府关于深化教育体制综合改革的意见》进一步拓宽视野，倡导构建政府、行业、企业及社会各界协同参与的职业教育发展生态，推动校企合作与产学研深度融合的创新体制。该意见旨在改革高校治理模式，拓宽社会合作领域，并着力在职业教育领域创新办学与人才培养模式，特别是在教产对接、校企合作办学及共同育人制度上实现新突破。

至2015年,《广东省现代职业教育体系建设规划（2015—2020年）》则坚定不移地推进产教融合战略，强调特色办学之路。规划中明确提出要加强校企双方的协同育人机制，凸显职业院校的独特办学优势，以此提升服务地方经济、助力产业升级及强化实体经济支撑的能力，为实现职业教育与社会发展的深度契合奠定坚实基础。

从国家到广东省的相关政策，都肯定了校企合作的重要性。河职院与万绿湖两个合作伙伴基于前期3年的合作，双方建立了良好且彼此信任的伙伴关系，为后续更加深入的合作打下了扎实的基础。

2008年，通过校企共建，由学校筹建实训场地、设施设备，由东源县万绿湖旅行社投入技术和人员，在河源职业技术学院成立“校中厂”——万绿湖旅行社大学城营业部，该营业部非虚拟运作，而是真实运营，学生能够接触企业内部真实的业务流、资金流、信息流以及控制流。2013年，营业部的有效运作与积极成效产生良性反馈，企业继续投入，成立独立的企业在校社团组织“万绿湖校园导游俱乐部”（2022年更名为“校园导游精英部”，隶属于校级社团“旅游协会”）。2014 年，校企再接再厉达成共识，以引导行业自律、承担社会责任、激发学生公民意识为出发点，在河源市民政局注册成立社会公益性组织“河源市万绿湖导游义工队”，由企业出资注册，校方专业教师出任法人及队长，企业代表出任秘书长。

以 2016 年为节点，8 年间，具有实际生产运营的“校中厂”、具有活力能量的社团组织以及具有社会责任感的公益性组织，如三驾马车带动着校企跃进平台互通、资源互通和师资互通的“三通共享”产教融合模式。

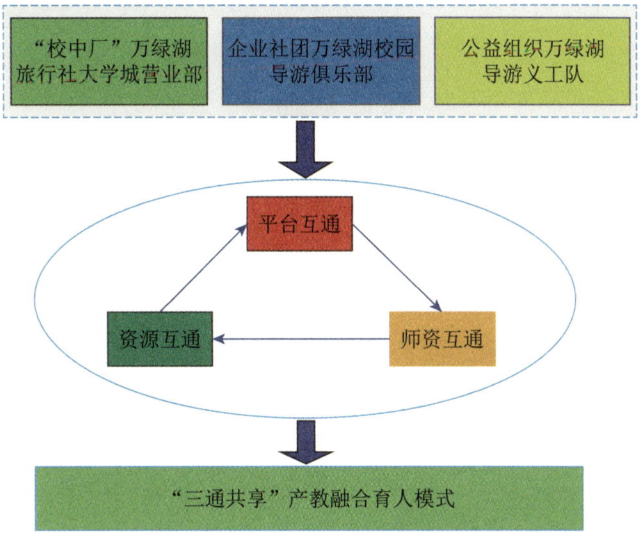


图 3-1 “三通共享”产教融合模式

## （二）“三通共享”产教融合模式

### 1. 平台互通

一般情况下，企业后台系统因数据安全与隐私保护问题，不可对外开放；而对教学而言，如果只是虚拟的实训环境，学生从中得到的真实体验及学习效果必然会大打折扣。2008 年，校企双方达成的“校中厂”协议有效地应对了这一挑战，通过清晰界定合作双方的权利与义务，成功实现了“万绿湖旅行社大学城营业部”的业务管理与财务平台系统向学校师生的全面开放。这一举措不仅展现了开放创新的精神，还开创了省内校企合作的先河。

根据协议，企业为校方代表老师、值班学生提供或共享旅行社业务管理系统账号，包括交通、门票、酒店等产品的运营账号；提供新的银行账号或共享已有银行账号，实现双方对财务平台的共同管理。

2. 资源互通

与前期校企之间短期的、局部的、有限的资源互通不同，“三通共享”更加趋向于长期的、全面的、充分的资源共享互通。这种合作，突破时间限制，师生常态化参与到企业的运营之中，建立起更加紧密的合作伙伴关系。

在合作过程中，校企双方发挥各自的资源优势，双方的场地、设备、产品、人力等资源向对方常态化开放，由学校为“校中厂”提供营业场所、办公设施以及专业师资和学生；企业则提供岗位、电脑、打印机、业务章、发票等资源、设备，为学生打造了一个真实的企业经营环境。尤为创新的是，双方开启了品牌资源合作，以河职院的省级示范性专业旅游管理专业品牌与河源头部企业万绿湖的企业品牌进行强强联手，共同打造了旅游志愿者品牌“万绿湖导游义工队”，为全国首创。

3. 导师互通

无论是“校中厂”、俱乐部还是义工队，均由专业教师、企业导师与学生共同组成，校企双方通过协议、制度等规范“双导师”的权责。如，“校中厂”的管理成员由校方教师1人、企业导师（旅行社专职）2人组成。管理团队共同完成对学生的排班、培训及考核。此外，双方代表共同享有对营业部经营工作的建议权以及在取得企业法人代表同意后，可以以营业部代表身份与业务单位签订一般性经济合同的权利。俱乐部的管理成员由校方教师1人、企业导师（景区导游部专职）1人组成。义工队的管理成员由校方教师出任组织法人及队长，企业导师（行政部专职）出任组织秘书长，其他师生、员工及社会人员为组织成员。

由此，校企双方实现了从一线到管理层、从单个部门到多个部门的导师互通合作，特别是管理层的加入，有力保证了项目执行的力度和质量。

## 二、机制建设

本着双向开放、自愿共享和互惠双赢的原则，2013年，校企双方共同成立“工商管理学院校企合作委员会”；2014年，河职院正式成立“校企合作办学理事会”，全面对接与企业的合作事宜；在此之前，旅游管理专业与万绿湖已经制定并完善了相关制度，为校企合作建立起较为成熟的管理机制。

1.《万绿湖旅行社大学城营业部合作协议》2008年签订，明确校企双方的权利和义务。

2.《万绿湖旅行社大学城营业规章制度》《营业部财务管理制度》《营业部实训办法》《营业部与旅游协会合作协议》《团体销售基本流程（营业部员工）》《营业部每天

工作流程》《营业部员工工作职责》等 2008 年制定并实施，根据营业部管理及业务开展的实际情况，作出工作制度的细化说明。

2.《河源职业技术学院校企合作管理办法》2014 年拟定，明确合作范围、权责等。

3.《万绿湖校园导游俱乐部管理制度》2013 年拟定，明确俱乐部的管理模式和活动开展方式。

4.《“万绿湖风景区创 AAAAA 服务质量提升工程”科技服务合同》2013 年、2014 年拟定，合同约定校企双方的共同目标是：为贯彻落实国家大力发展职业教育的精神，促进河源旅游业的发展，加快景区设施设备升级改造及服务管理水平的提升，充分实现资源共享和优势互补，推进学校人才培养模式改革，提高企业的竞争力，形成校企共生的发展格局。

5.《校企共建就业实习基地协议书》2014 年签订，对毕业生需求信息、企业宣传、招聘会、实习管理等条款进行针对性的细化约定。

6.《万绿湖导游义工队手册》2014 年制定，明确组织性质与宗旨，解析义工队原创 LOGO 及含义，统一组织理念与精神，确立机构与职责，规范队员管理、指导老师管理、部门管理及财务管理制度。

## 三、运作情况

从 2008 年至 2016 年，校企合作共同开展了校内学生活动“迎接新生・畅游万绿湖”“万绿有约・新生文学比赛”“校园导游风采大赛”，校内教职工活动“教职工差旅服务”，社会活动“导游义工队：环保‘袋袋’相传”“义导解读万绿湖”“快乐义导”“深圳中小学生游河源”等。

其中，“迎接新生・畅游万绿湖”活动从 2008 年持续到 2019 年，其间每年的 9 月份，“校中厂”营业部接待约 3000 名新生，11 年间，服务人数达 33000 多人，在让旅游管理专业学生得到充分锻炼的同时，也为营业部和景区带来良好的效益。

而导游义工系列活动经由《广州日报》《河源日报》《中国江西网》等主流媒体的报道后，取得良好的社会反响以及行业示范作用。

# 第二节　“三通共享”产教融合模式典型案例

## 一、“校中厂”万绿湖旅行社大学城营业部

### （一）组织介绍

为了加强学生对真实职业环境的体验，在为游客的服务过程中提高自己的职业技能，2008年5月，河职院旅游管理专业与河源市万绿湖旅行社签署校企合作协议，经工商、税务部门登记注册，共同成立万绿湖旅行社大学城营业部。学校投资硬件设备，提供办公场所，并配套建设校园导游部、导游实训室等校内实训室。万绿湖旅行社提供管理及相关企业资源，并派管理人员参与经营管理。营业部下设门市部、导游接待部、大学城旅游咨询服务中心。营业部实行企业化运作与管理，教师、学生在营业部承担管理与服务工作。

1. 主要功能

万绿湖旅行社大学城营业部的主要功能体现在两个方面：

对内承担实训教学，承担旅行社运行与管理课程的教学与实训任务；为学生提供真实的实训环境；采用天港成旅行社管理软件网络版用于旅行社业务操作课程项目教学。

对外承接旅游业务，为学生提供充足的实训岗位；承接大学城片区、高校间学术交流与会议学习、探亲旅游等业务，为学生提供全方位实习岗位；提供特色旅游服务项目（如红色旅游、学生团队训练、毕业之旅等），为学生提供锻炼机会；承担在校生（以应届毕业生为主）的轮岗实训和顶岗实习；承担省内合作旅行社计调人员岗位培训。

2. 机构设置

根据《万绿湖旅行社大学城营业部合作协议》，“校中厂”营业部的管理机构，由万绿湖旅行社总经理和工商管理学院院长分别担任实训基地正、副主任，双方共同配备专业教师和工作人员。基地的日常管理主要由企业和专业共同负责；学院设一名专职人员参与管理；校企双方共同制定学生实习实训、员工培训及技能鉴定方案，毕业设计选题与指导方案，确定教学内容和技能要求，共同开发工学结合教材与培训教材。

**表 3–1 万绿湖旅行社大学城营业部组织结构（2008 年）**

| | | | |
|---|---|---|---|
| 挂钩领导 | 曾惠华 | 万绿湖旅行社总经理 | |
| | 俞彤 | 河源职业技术学院旅游与经济系主任 | |
| 责任方 | 责任人 | 工作人员 | |
| 万绿湖旅行社 | 李子璇 | 前台销售部 | 学生：李小娇、杨炯蓓等 20 人。 |
| | | 导游部 | 学生：彭媛丽、曾玉兰等 119 人。 |
| | | 培训部 | 学生：邓菊花、叶文霞等 10 人。 |
| 河源职业技术学院 | 张颖 | 办公室 | 学生：朱静敏、蓝良碧等 6 人。 |
| | | 企划部 | 学生：钟丽红、李文慧等 20 人。 |
| | | 计调部 | 学生：罗舞燕、周洁姗等 20 人。 |

## （二）制度建设

为保障校企双方的合法权益，明确职责，2008 年 5 月 9 日，校企签订《万绿湖旅行社大学城营业部合作协议》，同时拟定《营业部财务管理制度》《营业部实训办法》等管理制度。甲方河源职业技术学院与乙方万绿湖旅行社主要达成以下共识：

1. 明确营业部的性质

营业部为非独立核算单位，不具备法人资格，没有独立签订合同的权限，甲方法人代表为营业部法人代表，校企双方对营业部实行统一管理，包括统一形象、统一管理、统一财务、统一招徕和统一接待。

2. 明确双方的权利与义务

（1）甲方的权利与义务

①在校园安排合适的营业场所，并负责装修和购置办公家具。

②投资增加两个或两个以上的旅游管理系统序列号。

③负责营业部其他所有筹建资金，包括开张仪式费用（含在《河源日报》等河源主要媒体公示的法定费用）；提供营业场所、设施设备等证明材料，并协助乙方进行相关证照申请。

④派出营业部甲方负责人并提供从业资格证书等相关证明。

⑤负责营业部筹备工作甲方部分的其他事宜。

⑥在协议期间，甲方以投入专业实训室的方式免费向营业部提供营业场所、筹备设施设备和办公生活用具，将水电费、网络费纳入学院日常支出范围，营业部的办公经费纳入运营成本。

⑦营业部甲方所购固定资产归甲方所有。

⑧在校园安排合适地点放置营业部的广告牌和指示牌，在甲方网站为营业部建立子站，并为营业部在校内的宣传提供便利。

⑨甲方于营业部成立第二年起安排学生到营业部进行实训教学，营业部产教研运营阶段进行实训教学时，所有参与学生不产生工资费用，导游和销售人员的出勤补贴除外。

⑩甲方应在营业部进入产教研阶段前制定《营业部实训办法》，要求甲方派出的营业部工作人员、带队老师和实习生积极配合营业部工作，规范上述人员的行为，对有损营业部或乙方权益的但不违反法律法规的人员进行处罚。

⑪甲方在思想品德和专业理论方面对学生进行指导，学生在营业部工作或实训期间私自进行业务操作所发生的经济差错或纠纷，甲方须追究操作人的责任，所造成直接经济损失由甲方先行承担；学生私自以营业部或乙方名义发生违反法律法规行为的，违规学生和校方应承担相关法律责任，并免除乙方责任。

⑫甲方有义务维护乙方的形象和品牌，未经乙方同意，甲方不得单方以乙方或营业部的名义进行任何经济活动或有损营业部形象的活动，否则甲方应承担由此而产生的一切法律责任，并赔偿因此造成的一切损失。甲方承诺在本协议期间及在本协议期满后不对乙方进行贬低或者其他任何损害。

⑬甲方承诺在协议有效期内，不得向其他法人、自然人透露乙方保密信息，包括经营方法、管理模式、操作规则、商业计划、产品构思、财务情况等，否则甲方应对由此给乙方造成的损失进行赔偿。

⑭营业部负责承揽甲方统筹的教职工各项出游、考察活动，对单项旅游产品（票务、客房预订、包车等）业务，给予政策支持。

⑮营业部执行甲方公务性接待，甲方应支付相应接待成本。

⑯为乙方派出的营业部工作人员提供广晟学府花园内住房一间，同教职工待遇，收取租金。

⑰协议有效期间，甲方不得自行开设旅行社或与其他旅行社共同开设营业部，学校房产亦不得租借或转卖给其他个人或单位开设旅行社或营业部。

⑱甲方委托旅游与经济系负责营业部的各项业务往来及管理事宜。

（2）乙方的权利和义务

①负责向县市旅游局申请成立营业部，办理《旅行社营业部备案登记证》，并到县工商局办理工商登记手续，申请《旅行社营业部营业执照》。

②出具由其法定代表人签字并加盖公章的《保证书》。

③派出营业部乙方负责人和工作人员并提供从业资格证书等相关证明。

④负责制作和在河源主要媒体投放营业部的开业公示广告。

⑤提供旅行社业务管理系统（包括交通、门票、酒店等产品）的账号，或共享已有账号，并对账号进行管理。

⑥乙方以法人名义申请新的银行账号或共享已有银行账号，方便营业部出纳和乙方对营业财务的统一管理。

⑦乙方向营业部提供营业部业务章和发票。

⑧乙方承诺不要求甲方出资增加注册资本或承担部分质量保证金和责任保险费用。

⑨负责营业部筹备乙方工作的其他事宜。

⑩乙方拥有“万绿湖旅行社”和“万绿湖旅行社大学城营业部”品牌的所有权。

⑪乙方根据相关法律法规，按照营业部管理的“五个统一原则”，在与甲方充分协商的前提下，制定营业部发展策略和规章制度，制定经营、机构、财务、人力资源等计划，对营业部实行管理。

⑫乙方派出专人负责业务和协助老师指导学生实习，为学生创造良好的实践条件，在实践方面对学生进行指导，同时乙方配合甲方派遣专人前往总部挂职锻炼、进行业务学习等工作。

⑬为保证资金安全和防止财务漏洞，乙方出纳统一支付营业部业务款项。

⑭乙方财务室为营业部工作人员（含校方负责人、勤工俭学助手）统一发放工资、津贴和福利，支出记为营业部运营成本。

⑮乙方财务室对营业部进行公正核算，每月为营业部提供营业报表和营业分析简报，并制订营业部年度预算、结算报告。

⑯乙方承诺在本协议期间及在本协议期满后不对甲方进行贬低或者其他任何损害。

3. 明确运营具体事项

根据市场容量和营业部发展设想，营业部运营分为两个阶段：

第一阶段：纯营业型阶段（2008 年 5 月 1 日至 2009 年 5 月 1 日）

由于初期业务量少，毛利收入水平低，甲方旅游管理专业教学计划还需调整，营业部各机构主要由乙方按实际情况进行运营，甲方派人共同管理，学生实习以观摩方式为主。

（1）甲方营业部负责人：

①人员定编：1 人。

②工作权限：对营业部经营管理工作的建议权；取得乙方法人代表同意后，作为乙方签约代表与业务单位签订一般性经济合同。

③岗位津贴：600元/人/月，电话费补助100元/月，合计700元/人/月。

（2）乙方营业部负责人：

①人员定编：1人。

②工作权限：对营业部经营管理工作的建议权；取得乙方法人代表同意后，作为乙方签约代表与业务单位签订一般性经济合同。

③岗位津贴：按出勤性质和数量发放补贴，由营业部负责发放。总部其他出勤人员按出勤性质和数量由乙方总部发放补贴。

（3）乙方营业部工作人员：

①人员定编：1人。

②工作权限：旅游线路的修改权；向总部计调的询价权、建议权；基本的采购权和报价权（在营业部规章制度中定义）。

③岗位工资：1400元/人/月，电话费补助100元/月，购买社保，年底发双薪作为年终奖励，节日、生日福利按乙方总部标准由营业部发放，支出计为营业部成本。

（4）工作人员助手（勤工俭学岗位）

①人员定编：1人。

②工作职责和工作权限与乙方营业部工作人员相同，周末该工作人员休息时（每周两天）代其行使职权，必须全年留守学校。

③勤工俭学补助：200元/月。

（5）导游人员与销售人员：

①人员定编：不限。

②岗位工资：按实际出团、销售情况计算补助或提成，由总部给予支付，鼓励学生参与跟团、带团、销售活动，丰富业务技能。

第二阶段：产教研结合阶段（2009年5月1日以后）

配合教学计划，旅游管理专业全班或大部分学生利用在营业部实习和工作，将教学内专业课程以项目实训方式纳入营业部运作，机构和人力资源配置等细节，试业一年期满前三个月，经双方协商拟定补充协议。

#### 4.明确核算办法及利润分配

（1）甲方以投入旅游管理专业实训室方式投入的固定资产作为教学设施不计提折旧。

（2）营业部以每年阳历1月1日至12月31日为一个会计年度。

（3）因其他原因产生的出勤补助归入经营管理费用。

（4）净利润计算方法：年度结算时毛利扣除工资、津贴、福利、出勤补助、接待费和广告宣传费等经营管理费用后，所剩毛利再扣除投入营业的电费、电话费、办公用品等费用所得数目即为净利润。

（5）甲乙双方按净利润进行分配：甲方占60%，乙方占40%；如营业部发生亏损，则分摊入下一个会计年度成本中。

## （三）运作情况

营业部自2008年成立以来，持续为旅游管理专业学生提供导游、计调、销售、策划等实践岗位，为旅游管理专业培养优秀人才发挥了积极作用。其中，品牌产品“迎接新生·畅游万绿湖”活动从2008年持续到2019年，其间每年的9月份，“校中厂”营业部接待约3000名新生，11年间，服务人数达33000多人。

图3-2 “新生游”接待车队（2014年）

正是平时的训练和实践，学生的旅游接待水平得到社会认可。2010年，旅游管理专业学生接受邀请，参与2010年世界客属恳亲大会龙川会场接待。

图3-3 营业部“新生游”宣传海报（2014年）

2020年，营业部与时俱进，转型升级成立“广东万绿湖研学中心”。业务范围以开展研学产品开发、课程设计、研学指导师的培养和社会实践等项目为主。转型之后，“研学中心”协助完成“1+X”研学旅行策划师考证415人。

截止至2024年5月9日，“校中厂”已正常经营16年，目前已接收1270名学生的在岗实训，业务营收达541万元。

图 3–4　营业部前台

图 3–5　营业部成员工作照（2014 年）

## 二、企业社团万绿湖校园导游俱乐部

### （一）组织介绍

在优化“校中厂”运营模式的过程中，校企合作团队精准识别了“导游讲解能力”为学生的关键短板，这一发现基于对学生自我反馈和综合服务评价的深入分析。针对此问题，2013 年，校企合作取得了重要进展——由万绿湖旅游发展有限公司独家资助，并直接参与管理的“万绿湖校园导游俱乐部”学生社团应运而生。此举措有效针对学生在导游技能上的不足，提供了实践平台与专业指导。

俱乐部主要针对导游工作中的讲解服务环节对学生进行强化训练，主要由 1 位校方指导老师、1 位企业导师和学生成员组成。因此，通过该组织，学生可接受景区导游讲解服务的系统培训，经考核合格之后，可以定期到景区开展讲解服务。通过相关活动，培养学生的职业意识，增强职业素养，提升专业能力；同时，也为景区打通了用人渠道。由此，校企双方的合作从大框架化开始进入细致化、专项化，对人才的培养更有针对性，效果也更加突出。

1. 主要功能

（1）精准匹配企业需求

学生参与营业部运营后，其能力得到企业认可。校企通过复盘分析，认为学生的服从性、语言表达能力、讲解的专业度契合万绿湖风景区导游部的需求；吸纳学生作为景区讲解员可有效地缓解景区导游不足的现实问题。于是，学生经过自主报名、面试、考核后，可进入景区讲解员梯队。

（2）提供专业培训与考核

指导老师及企业导师针对企业的需求，共同定制培训方案，帮助学生提升相关技能和服务水平。培训结束后，双师组织考核，确保学生的专业能力和服务质量达到企业要求的标准。

（3）高效的人才派遣与管理

俱乐部成员基本稳定在 20 人左右，由企业导师与俱乐部学生负责人确定排班表，确保服务质量和工作效率。

（4）建立长期合作机制

企业导师定期收集游客对学生讲解员的反馈意见，并根据反馈结果对学生的服务质量进行持续改进和提升。从当年（2013 年）9 月份开始，学生形成“传帮带”的学习模式，大大减轻了企业导师的工作压力，双方的合作有序而稳定。

（5）拓展增值服务

俱乐部通过持续招募和培养擅长讲解服务的学生，为企业建立起稳定的人才储备库。企业也邀请学生参与更多的行业交流活动，保证学生水平与行业的同步性，为学生蓄能。

2. 机构设置

万绿湖校园导游俱乐部一个完全由学生自主管理、充满活力的学生社团。根据工作的实际需要，下设策划部、业务部、外联部和宣传部 4 个部门，由俱乐部部长统筹管理，确保各项活动的顺利进行。指导老师及企业导师则为俱乐部成员提供前期的专业培训与悉心指导，帮助成员们快速成长，提升专业素养和服务能力。

**表 3–2　万绿湖校园导游俱乐部组织结构（2017 年）**

| | | |
|---|---|---|
| 指导老师 | 周捷航 | 万绿湖风景区导游部经理、中国好导游 |
| | 杨红霞 | 旅游管理专业教师、国家高级导游 |
| 职务 | 负责人 | 工作职责 |
| 部长 | 何丽萍 | 1. 全面负责俱乐部的事务<br>2. 负责主持每周例会<br>3. 协调成员内部问题<br>4. 负责校企业务沟通<br>5. 完成年度工作计划及总结 |
| 策划部 | 何婧丽 | 1. 负责成员组织纪律管理<br>2. 活动策划 |

续表

| | | |
|---|---|---|
| 业务部 | 罗志豪 | 1. 协助完成岗前培训，做好排课表<br>2. 协助制定考核方案<br>3. 协助完成讲解稿的修订<br>4. 收集服务反馈意见 |
| 外联部 | 郑佳弟 | 1. 与景区保持密切联系<br>2. 协调成员需求和意见<br>3. 落实排班表、补贴发放表 |
| 宣传部 | 李家粱 | 负责公众号推文及管理 |

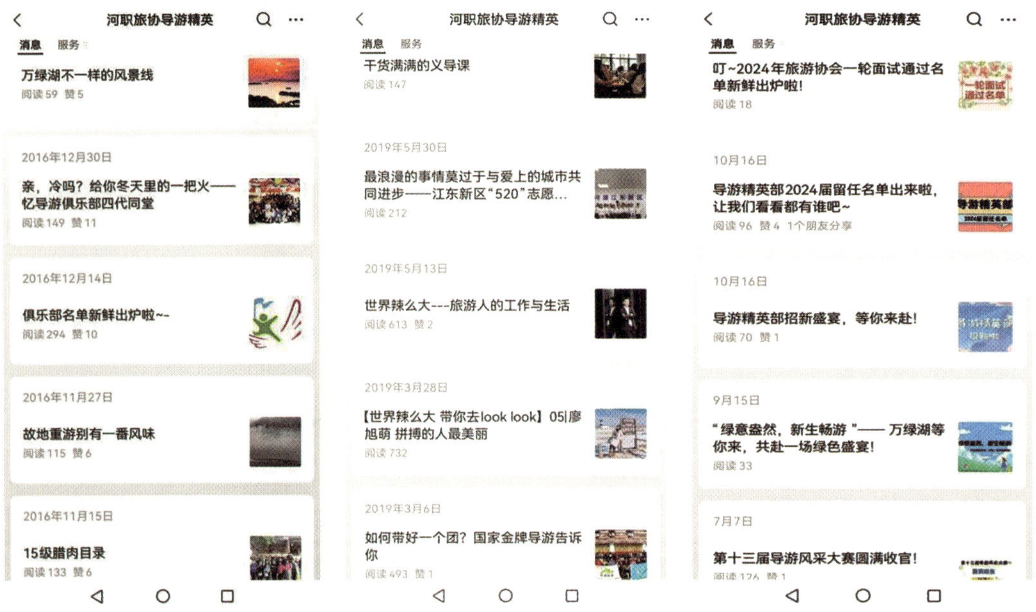


图 3–6　俱乐部（后更名：导游精英部）公众号推文节选

## （二）制度建设

万绿湖校园导游俱乐部以打造优质的景区讲解员队伍为目标，为了保障项目活动的落实，保证讲解服务质量，组织逐步形成《万绿湖校园导游俱乐部纳新制度》《讲解员培训制度》《讲解员考核制度》和《万绿湖校园导游俱乐部“传帮带”制度》。

### 1. 纳新制度

为了确保每年都能为组织注入新鲜血液，保持俱乐部的活力与专业性，第一届俱乐部成员根据实际的工作情况，制定了以下纳新制度，该制度主要涵盖宣传、报名及面试三个关键环节，通常在每年的 9 月至 10 月期间执行。

（1）宣传。广泛宣传俱乐部文化、活动成果及成员风采，激发新生加入的热情。利用新生军训和社团文化节两大黄金时段，向旅游管理专业新生开展大范围宣传。

制作宣传单：设计精美、内容翔实的宣传单页，介绍俱乐部文化、组织架构、特色活动及成员风采，在校园内人流密集区域发放。

发布纳新推文：利用俱乐部公众号、微博、QQ 等新媒体平台，发布纳新信息，结合图文、视频等形式展现俱乐部魅力。

到班宣讲：组织现有成员深入新生班级，进行面对面的宣讲，分享个人成长经历，增强感染力。

部门风采展示：在校园文化节期间，举办部门风采展，让新生直观感受各部门特色及工作成果。

（2）报名。建立高效便捷的报名渠道，收集并整理报名信息，为后续的选拔工作做准备。

建立报名咨询群：创建 QQ 群、微信群等社交平台群组，作为报名咨询与交流的官方渠道，安排专人负责解答新生疑问。

收集报名信息：设计简洁明了的报名表，包括个人基本信息、特长爱好、加入动机等，通过群内文件、在线表单等方式收集。

报名人数控制：鉴于俱乐部成员规模稳定在 20 人左右，为确保选拔的充分竞争性和质量，设定报名人数目标为成员数的 2 至 3 倍，即 40 至 60 人。

（3）面试。通过面试选拔出符合俱乐部要求、具有潜力的新成员。

合理安排面试：根据报名人数，提前规划面试时间、地点及面试官安排，确保面试过程有序进行。

面试内容设计：面试主要围绕新生的形象气质、语言表达、应变能力、团队合作精神及对导游工作的理解与热情等方面展开。

综合评价：面试官根据面试表现，结合报名材料，进行综合评价，最终确定新成员名单。

2. 培训制度

培训为期一个月共四次课，分为三个阶段，全程由校内指导老师和企业导师共同完成。

表 3-3 万绿湖校园导游俱乐部培训计划（2013 年）

| 类别 | 初学期（第 1 周） | 成长期（第 2~3 周） | 总结期（第 4 周） |
|---|---|---|---|
| 阶段说明 | 本阶段主要以认知培训为主，包括：万绿湖企业文化、公司组织架构、景区导游部基本情况及业务能力要求、考核要求 | 本阶段主要以业务培训为主，包括：导游词的背诵及模拟讲解 | 本阶段主要以复盘训练为主，包括：针对性复盘点评、改进建议 |
| 重点能力培养 | 服从力、团队合作能力 | 讲解能力、团队合作能力、应变能力 | 学习能力 |
| 培训方式 | 讲座 | 景区体验式培训 | 座谈会 |

3. 考核制度

从以下四个方面全面考查新生的精神面貌、学习能力及特色专长，获得“4A”的同学晋级俱乐部正式成员。

（1）纪律表现

工作时间管理：严格遵守培训时间，不迟到早退。

业务规范执行：在讲解过程中严格遵守服务规范。

（2）服务礼仪

微笑服务：在模拟讲解中，始终保持亲切微笑，展现良好的职业素养。

礼貌用语：使用文明礼貌的语言，尊重他人。

仪容仪表：着装整洁、大方得体，符合景区形象要求。

（3）业务能力

历史文化掌握：准确讲述景区历史背景、重要事件、人物故事等，展现深厚的文化底蕴。

自然风光解读：生动描绘景区自然景观特色，包括地质构造、植被分布、生态价值等。

特色项目介绍：详细介绍景区内特色活动、体验项目、文化表演等。

讲解技巧运用：语言表达清晰流畅，肢体语言恰当得体。

（4）团队协作与创新能力

团队协作：积极参与团队活动，与同学保持良好的沟通与合作；在团队中发挥积极作用，共同推动工作进展。

创新能力：在讲解过程中融入个人见解和创新元素，如新颖的讲解角度、生动的故事讲述等；积极参与景区组织的创新活动或提出建设性意见。

4.“传帮带”制度

“传帮带”制度是为了缓解新成员的茫然或焦虑情绪，帮助其更好、更快地适应俱乐部的氛围和工作。因此，在新成员进入组织后，会与上一届成员进行“双向选择”，完成“一对一”或“一对二”的师徒分配。考虑学生的压力，一般不建议安排“一对三”或以上的师徒配对，特殊情况除外。

（1）实施原则

双向选择：所有成员都应参与“传帮带”活动，同时尊重新成员的意愿，进行师徒双方的双向选择。

因材施教：根据新成员的个性特点、能力表现，制定个性化的培养计划，促进其全面发展。

注重实践：强调实践经验的积累和实践能力的提升，通过实地讲解、案例分析等方式，提高新成员的实战能力。

定期评估：定期对“传帮带”活动进行评估，总结经验教训，及时调整优化培养计划，确保活动效果。

（2）主要内容

知识传授：上一届成员向新成员传授景区历史文化、自然风光、特色项目等方面的专业知识，确保其具备扎实的知识基础。

服务指导：通过现场示范、模拟演练等方式，指导新成员掌握服务礼仪、讲解技巧、游客互动等关键技能，提升其服务水平。

情感关怀：关注新成员的心理状态，提供必要的心理辅导和支持；如有特殊情况，应及时向指导老师汇报，寻求帮助；同时，建立师徒间的深厚情感联系，营造温馨和谐的工作氛围。

**表 3-4　万绿湖校园导游俱乐部组织结构（2017 年）**

| 序号 | 师（16 级） | 徒（17 级） | 序号 | 师（16 级） | 徒（17 级） |
|---|---|---|---|---|---|
| 1 | 蔡千平 | 何丽萍 | 13 | 李羽思 | 陈镇烺 |
| 2 | 陈佩娴 | 曾晓敏 | 14 | 黄光鑫 | 黄铭钿 |
| 3 | 陈程秀 | 罗梦婷 | 15 | 李伟森 | 何婧丽 |
| 4 | 陈程秀 | 罗志豪 | 16 | 康伟财 | 张燕娟 |
| 5 | 叶春娣 | 袁海婷 | 17 | 曾梓城 | 陈秋焱 |
| 6 | 叶春娣 | 刘斯锟 | 18 | 曾梓城 | 姚露 |
| 7 | 陈梦瑶 | 洪宝珠 | 19 | 徐培荣 | 曾丽娟 |
| 8 | 康伟财 | 赖欣 | 20 | 林曾琴 | 李家梁 |
| 9 | 李羽思 | 张淑芬 | 21 | 庞景木 | 何伟信 |
| 10 | 黄飘怡 | 郑佳弟 | 22 | 郭斯洁 | 胡巧靖 |
| 11 | 许庆红 | 刘文潇 | 23 | 张淑霞 | 丘迪 |

## （三）运作情况

万绿湖校园导游俱乐部自 2013 年 5 月成立以来，以每年 20 人左右的规模，培养了具备专业讲解能力的学生讲解员团队，既提高了学生的综合素质，增强了专业核心能力，也为企业储备了专业化人才。活动实施过程中的“传帮带”制度，也大大增强了学生之间的凝聚力，团队精神得以传承。

2022 年，根据学生社团最新的管理规定，俱乐部更名为“校园导游精英部”，隶属于校级社团“旅游协会”。截止至 2024 年，万绿湖校园导游俱乐部运作了 11 年，培养出 277 名具有突出讲解能力的学生，毕业后成为各大旅游企业的骨干力量。

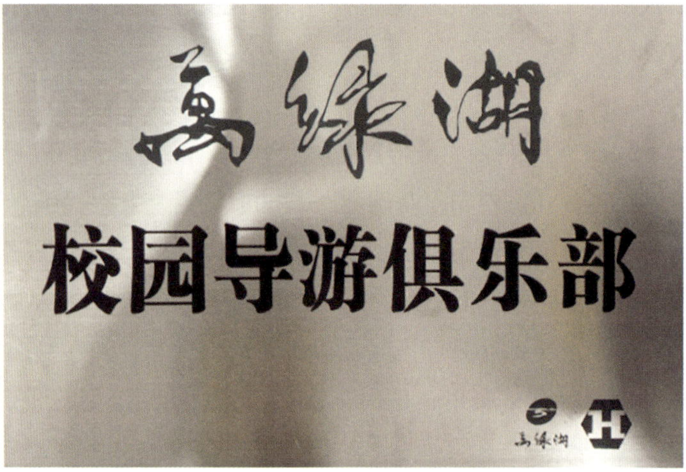


图 3-7　万绿湖校园导游俱乐部牌匾

图 3-8　俱乐部团队照（2013 年）

## 三、社会公益组织万绿湖导游义工队

### （一）组织介绍

河源市万绿湖导游义工队（简称“义导队”）于 2014 年 5 月经市民政部门审核登记成立，属民办非企业社会组织。该组织由河源职业技术学院旅游管理专业与万绿湖旅游发展有限公司共同发起，旨在为河源景区（点）、旅游者提供导游志愿服务，尽力帮助缓解导游紧缺状况，同时帮助河源导游个人成长、队伍发展，尽力推动导游队伍的整体素质提升。

义导队的成员来自原来旅游岗位的骨干、机关事业单位的热心人士和河职院旅游专业的学生。他们以“服务别人、快乐自己”为志愿信条，坚守“善待游客、善待自然”的行为规范，弘扬“敬业、乐业、专业”的职业精神，成为河源旅游的一道亮丽风景线。

1. 主要功能

河源市导游协会所管理的导游队伍，在近 10 年来保持着上千人规模，但是实际在岗的人数仅为十分之一左右。其中，作为河源头部旅游企业的万绿湖风景区，景区讲解员也仅在 5 人左右，远远不能满足年接待百万人次的市场需求。在供需不等的情况下，导游队伍也难以形成积极向上的竞争机制，难以管控服务质量。因此，义导队成员来自各行各业，包括律师、记者、公务员、金融人士等，他们具有不同的技术专长，经过组织培训后，能在志愿工作中融合个人专长形成个性化的服务特色。

（1）提供导游志愿服务

服务游客：为到访万绿湖及河源其他景区（点）的旅游者提供免费的导游服务，包括景点介绍、历史文化讲解、自然风光指引等，帮助游客深入了解当地的文化底蕴与自然风光，提升旅游体验。

信息咨询：一站式服务，解答游客关于旅游路线、交通方式、住宿餐饮等方面的疑问，提供实用的旅游建议，或者帮助寻求解决渠道。

（2）缓解导游紧缺状况

补充人力资源：在旅游旺季或特定活动期间，通过组织导游义工，有效补充专业导游的不足，确保景区能够高效有序地接待游客，减轻因导游资源紧张带来的压力。

灵活调配：根据景区实际需求和游客流量变化，灵活调整义工队的服务时间和区域，实现人力资源的最优配置。

（3）促进导游个人成长与队伍发展

专业培训：为导游义工提供定期的专业培训，包括导游技能、历史文化知识、应急处理能力等方面的培训，助力其个人能力的提升。

经验交流：搭建平台促进义工间的经验分享与交流，鼓励创新思维与实践，共同推动导游队伍的专业化、多元化发展。

团队建设：通过组织团建活动，增强义工队伍的凝聚力与协作能力，营造积极向上的团队氛围。

（4）推动导游队伍整体素质提升

树立榜样：通过导游义工的优质服务，树立行业标杆，激励更多导游人员提升服务质量，形成良好的行业风气。

反馈机制：建立游客反馈机制，收集游客对导游义工服务的评价与建议，作为改进服务、提升素质的重要依据。

激励机制：对表现突出的导游义工给予表彰与奖励，激发其工作热情与积极性，同时吸引更多优秀人才加入导游义工队伍，共同推动导游队伍整体素质的不断提升。

综上所述，万绿湖导游义工队不仅直接服务于游客，提升旅游体验，还通过一系列措施促进导游个人与队伍的成长，最终推动整个导游行业的健康发展。

2. 机构设置

河源市万绿湖导游义工队采用层级式组织结构进行管理，旨在明确各部门间的职责与关系，确保组织的有效运行。

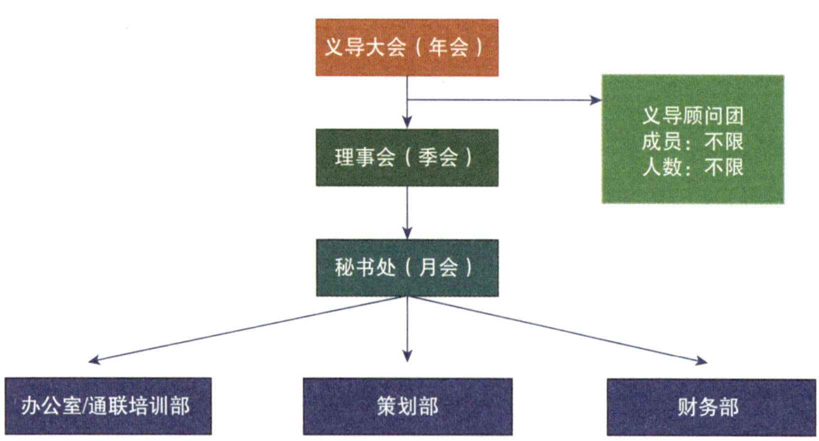


图 3-9　河源市万绿湖导游义工队组织结构图

（1）义导大会（年会）：是组织的最高决策机构，每年举行一次会议（年会）。主要职责是制定组织的总体方针、政策，审议并批准重大事项，以及监督其他部门的执行情况。义导大会是组织的“大脑”，负责宏观层面的战略规划和决策。

（2）义导顾问团：该团体由多位成员组成，人数不限，通常邀请具有丰富经验和专业知识的专家或资深人士参与。义导顾问团的主要任务是为组织提供咨询、建议和指导，帮助组织在重要决策上做出明智的选择，以及解决在发展过程中遇到的难题。

（3）理事会（季会）：理事会是在义导大会闭会期间，负责执行大会决议并管理组织日常运作的机构。每季度召开一次会议（季会），以监督和评估组织的运营情况，调整策略，以及审批具体的项目或计划。理事会成员需对组织的长期发展负责，并确保各项决策得到有效执行。

（4）秘书处（月会）：秘书处是组织中的行政管理和协调中心，负责处理日常事务、文档管理、信息传递以及为其他部门提供支持和服务。秘书处每月召开会议（月会），以协调内部工作，确保组织运行顺畅。秘书处还负责监督组织内部规章制度的执行，并维护组织的纪律和秩序。

（5）办公室 / 通联培训部：这个部门结合了办公室管理和通联培训两大职能。一方面，负责组织的日常办公事务，如文件管理、会议安排、接待来访等；另一方面，负责组织和开展内部培训活动，提升员工的专业技能和综合素质。同时，该部门还负责与其他组织或机构的联络沟通工作。

（6）策划部：策划部是组织中负责策划和实施各类项目、活动的部门。策划部需要根据组织的目标和战略规划，制定详细的项目计划，包括活动方案、预算、时间表等，并确保项目能够按时、按质、按量完成。策划部还需要对项目的执行情况进行监控和评估，及时调整策略以应对可能出现的问题。

（7）财务部：财务部负责财务管理、会计核算和年报工作。财务部需要制定和执行财务管理制度，编制预算和决算报告，管理资金收支和资产情况，以及进行财务分析和预测。财务部的工作对于组织的稳定运行和持续发展至关重要。

### （二）制度建设

1. 组织文化制度

（1）标志与含义

义导队的 LOGO 标志由万绿湖旅游发展有限公司副总经理邝国辉原创设计。如下图所示，图案中央是举着旗子的导游，绿色既是河源的主打色，也表达了“生态、环保、和平”的理念；蓝色代表着河源的蓝天、纯净无污染、全年无雾霾无酸雨的良好环境；橙色则是河源人民展开的怀抱，对外释放的友好、热情、欢迎的姿态；而人物形象恰好为“义”字造型，凸显了“快乐导游”的形象。整体构图清新欢快，具有

“服务大家，快乐自己”的美好寓意！

图3-10　义导队标志

（2）理念与精神

一个愿望：服务大家，快乐自己。

两大规范：善待游客，善待自然。

三业精神：敬业、乐业、专业。

六项能力：表达能力、协调能力、应急能力、形象能力、推广能力、抗压能力。

2. 机构职责分工

（1）队长职责

①负责义导队的全面工作，主持理事会议，制定年度工作计划，向大会报告工作及财务情况。

②负责协调分管副队长、秘书长之间的工作。

③负责对上对外衔接、沟通。

④负责督促推进义工队的管理制度改进与落实。

（2）副队长、秘书长职责

①负责协助队长做好义工队的日常工作，执行理事会定下的计划。

②负责对外公关联络工作，及时向各部门传达并跟进活动任务，督促活动新闻与相关材料及时上交。

③负责全面协调各职能部门的分工合作，统筹活动开展，并使之得到落实。

④负责统筹义工队评比、考核、激励机制，加强义工队的文化氛围建设。

⑤负责组织部门培训工作，提高部门成员业务能力。

⑥负责组织统筹部门会议，定期开展部门内工作总结，并及时反馈相关问题。

（3）办公室/通联培训部

①负责处理日常事务、统筹与协调内部的工作，负责内部会议的通知发送。

②负责义导上团时前、中、后三个环节的服务。

③负责义工队印章的保管和使用，统筹义工队办公室的物资管理以及清洁工作。负责中心活动使用场地与物资的申请与管理。

④负责招募义导志愿者，执行年度常规培训的组织、安排、考核，配合导师分班制相关事项。

⑤负责管理义工队的内部档案，并负责各项活动档案、会议资料及相关志愿者动态资料的整理、立卷、归档和备份工作。

⑥执行上级交办的其他工作。

（4）活动策划部

①负责策划、组织和开展志愿服务文化宣传，展示义工队志愿者的形象，营造义工队志愿服务氛围。

②负责对志愿服务活动进行宣传，包括前期宣传、活动过程的跟踪拍摄及后期宣传，收集整理活动相关照片。

③负责撰写活动新闻稿并上传义工队网站、微信、微博等。

④负责义工队相关网站与博客的设计和维护，活动动态资料上传、更新，并通过网络发布活动消息，建立健全志愿者服务网络。

⑤执行上级交办的其他工作。

（5）财务管理部

①组织编制年度财务预算；执行、监督、检查、总结经费计划和预算的执行情况，提出调整建议。

②执行国家的财务会计政策、税收政策和法规；制订和执行会计政策、纳税政策及其管理政策。

③会计档案管理及合同（协议）、有价证券、抵（质）押法律凭证的保管。

④负责存货及低值易耗品盘点核对。会同其他部门做好盘点清查工作，并提出日常采购、领用和保管等工作建议和要求。

⑤负责队长授权或交办的其他工作。

3. 组织管理制度

（1）队员管理

①报名

志愿者在确认了解义导队的性质与宗旨、理念与精神等之后，先到秘书处提供以下信息：姓名、性别、所在单位、联系方式。

志愿者一般来自万绿湖导游俱乐部、市内各旅行社以及社会各界人士，首先特别强调对义导队理念与精神的认同。万绿湖导游俱乐部每年拟定推荐志愿者目标，与义导队秘书处衔接。

②培训 / 考核

通过跟团形式进行现场培训学习（不少于3次），由一名义工队指导老师对参加报名的志愿者进行实地考核，并在应聘人员登记表确认通过培训可以上团，审核结果递交义工队通联培训部确认盖章。

每位准义导以预约方式接受现场培训指导，凡经指导老师或培训组按照预约3次不到场的，视为自动退出，不再另行知会。

③发证

考核通过者填写《万绿湖义工登记表》，并由义工队办公室颁发义工上岗证。

④上团报备

由义导自行选择时间，通过报备电话、微信等方式向秘书处向通联培训部进行报备（注：一般为提前一天的15时前报备），并得到确认。

⑤活动签到

在义工队服务点登记出团，领取相关装备（扩音器、环保袋、义工服）。

⑥交回物资 / 时间确认

参加完义导服务者，将物资一并交回义工队办公室，由办公室人员确认义导出团、结束时间，并登记已交回装备。

备注：每名志愿者每年参加志愿服务时间不得少于2天 / 年。

报名 / 发证：邝国辉。

报备（上团、培训）：周捷航。

万绿湖旅游总公司为义导提供免费午餐，需要用餐的义导，请在报备上团时说明。

⑦退出机制

情况1：义导上团过程中有违反义导队相关要求，造成不良影响的，经义导理事会确认后，给予退出处理。违反国家相关法律法规的，按相应的方式提交相关部门处理。

情况2：个人自愿退出。秘书处、通联培训部负责义导的退出，回收相关装备、物资及证件。

（2）指导老师管理

①由理事会确认义导队的指导老师候选人，征得本人同意后为正式指导老师。每年增补一次，并同意自愿请辞。

②每位指导老师每年以带徒方式，负责一定数量准义导志愿者的培训（具体人数由秘书处负责协商）。

③无论是需要跟团的准义导志愿者还是需上团的指导老师，至少提前一天预约；

预约时间为 17 点前。一般不接受当天预约跟团培训。预约后会有相关人员答复，确定上团指导老师人数、跟团人数（有限制）、带船航班、等等。预约后如临时无法成行，须及时联系相关工作人员。

④每年至少组织一次义导沙龙活动，指导老师主动与义导交流分享经验体会（具体由秘书处组织）。

（3）部门管理

①秘书处日常运作挂靠万绿湖旅游发展总公司，办公室 / 联通培训部与万绿湖旅游总公司导游部合署办公。

②各部门负责人每年要在 12 月 25 日前向秘书处递交工作总结与工作计划；工作计划包括部门建设（职能发挥与优化，活动拓展）、一年以来部门内部工作的经验总结、取得成效和不足之处。

③实行例会制度。秘书处要做好队员大会、理事会和秘书处办公会议的安排和准备。

（4）财务管理

①经费来源主要是社会捐赠、政府购买服务。开支的范围主要是：行头购置、交通补贴、活动。原则上不发生私人借款。

②凡开支项目，须先请示后开支，不能先斩后奏。

③义导上团交通补贴，每人每天 50 元（半天 30 元，以在万绿湖走 2 号线约 3 个半小时为参照），按联通培训部登记每季度一结。

④审批权限：额度 2000（含 2000 元）以下的，由秘书长审批；2001 元以上的，由队长审批；万元以上的，理事会具体讨论。

### （三）运作情况

万绿湖导游义工队自 2014 年成立以来，相关工作获得社会、业界的一致认可和支持。义导通过实际行动，树立了河源导游正面、积极的形象，传递了热情好客的客家声音，取得了良好的社会效应。同时，义导全力配合万绿湖风景区创 5A 系列工作，以及协助完成万绿湖开渔节、音乐节等大型活动。

1. 完成义导队成员招募

义导队队员每年稳定在 80 人左右，其中，50 名旅游管理专业大学生，30 名左右为社会人员。旅游管理专业大学生的优势在于，他们有专业知识、职业素养和较为富余的时间，所以，以大学生为主体，是为了保证队伍的稳定性和活力度。社会人员主要包括记者、律师、教师、旅行社导游员、公务员、景区工作人员和其他社会人士。社会人员的优势在于，他们有丰富的社会经验、诚挚的服务理念和最新的行业资讯，因此，拥有一定比例的社会人员能够给队伍带来先进性和适用性。

### 2. 完成系列课程培训

<table>
<tr><td colspan="7">2016年度万绿湖义导队分班培训课程执行表（第一期 201604—05）</td></tr>
<tr><td colspan="4">义导培训课程设计原则：<br>◆一个愿望：河源旅游人万绿情怀。<br>◆二个规范：①义导服务规范；②义导讲解规范。<br>◆三个精神：①敬业精神；②专业精神；③乐业精神。<br>◆六个能力：①讲解能力；②组织能力；③应变能力；<br>④营销能力；⑤形象能力；⑥抗压能力。</td><td colspan="3">培训周期与时间安排：<br>◆每年义导培训为三期，4月份至12月份每二至三个月为一个培训周期，完成一个培训班级；<br>◆每周选取1—2个时间举行培训课程，三个月正好完成分期班级。</td></tr>
<tr><td colspan="4">分班培训与培训对象：<br>◆培训对象主要分为社会人员义导与河职院学生义导两种学员；<br>◆社会人员义导与河职院学生义导课程一致，视情视报班人数合并进行。</td><td colspan="3">分班管理与培训考核：<br>◆每期每班控制在40人以内，由导游俱乐部负责日常培训协调与管理；<br>◆培训考核以《上岗培训合格汇鉴表》培训教师及导师审核为准。</td></tr>
<tr><th>N</th><th>执行时间</th><th>执行地点</th><th>培训课程</th><th>执行师资</th><th>对应课程设计原则</th><th>备注</th></tr>
<tr><td>1</td><td>4月1日（星期五）<br>晚上19:30~21:30</td><td>河职院导游培训室</td><td>义导的敬业、乐业、专业</td><td>高仁泽</td><td>一个愿望 / 三个精神</td><td></td></tr>
<tr><td>2</td><td>4月9日（星期六）<br>上午9:30~12:30</td><td>万绿湖风景区</td><td>义导实景培训（跟团）</td><td>分导师进行</td><td>综合六个能力 / 抗压能力</td><td></td></tr>
<tr><td>3</td><td>4月15日（星期五）<br>晚上19:30~21:30</td><td>河职院导游培训室</td><td>义导讲解规范与技巧</td><td>杨红霞</td><td>讲解规范 / 讲解能力</td><td></td></tr>
<tr><td>4</td><td>4月22日（星期五）<br>晚上19:30~21:30</td><td>河职院导游培训室</td><td>义导应知应会与服务细节</td><td>曾惠华</td><td>组织能力 / 三个精神</td><td></td></tr>
<tr><td>5</td><td>4月29日（星期五）<br>晚上19:30~21:30</td><td>河职院导游培训室</td><td>义导服务应变与营销能力</td><td>张颖</td><td>应变能力 / 营销能力</td><td></td></tr>
<tr><td>6</td><td>5月13日（星期五）<br>晚上19:30~21:30</td><td>河职院导游培训室</td><td>客家山歌培训</td><td>赖金凤</td><td>专业精神 / 形象能力</td><td></td></tr>
<tr><td>7</td><td>5月21日（星期六）<br>上午9:30~12:30</td><td>万绿湖风景区</td><td>上团（导师跟团指导）</td><td>分导师进行</td><td>综合六个能力 / 抗压能力</td><td></td></tr>
<tr><td colspan="2">初定第一批导师人选</td><td colspan="5">高仁泽、吴良生、杨红霞、曾惠华、陈健萍、赖金凤、韩波、吴挺阳、周捷航共9人。</td></tr>
</table>

**图3–11　义导队培训课程表截图**

### 3. 完成系列义导服务

2014年，义导队活跃在河源旅游服务一线，第一批次为义导导师景区讲解服务，第二批次为义导导师与义导成员共同服务。义导的活跃度吸引了《广州日报》《河源日报》《中国江西网》等主流媒体的争相报道，生动地记录了“导游义工队：环保‘袋袋’相传”“义导解读万绿湖”“快乐义导”“深圳中小学生游河源”等活动的相关情况。之后，义导队实现常态化志愿者服务，每年提供义导服务达 160 人次。

图 3-12　万绿湖导游义工队培育学生奉献与职业精神

图 3-13　河源日报报道

# 第三节　“三通共享”产教融合模式代表性成果

## 一、“三通共享”产教融合模式成果概况

从 2008 年到 2016 年，河职院与万绿湖深耕于平台互通、资源互通和导师互通的“三通共享”产教融合模式，在 8 年时间里，继续保持“双赢”局面，取得丰硕的合作成果。

以扎实的校企合作为基础，构建成熟、契合行业需求的培训体系。2009 年，河职院被认定为省旅游行业技能培训基地，承担广东省旅游行业农村劳动力转移培训工作。2010 年 12 月，旅游管理专业通过广东省高职示范性建设专业验收，正式成为省级示范性专业，为广东省同类院校唯一的旅游管理类专业。2011 年 11 月，旅游管理专业入选中央财政支持高等职业学校提升专业服务能力项目，获得中央财政支持经费 240 万元，并于 2013 年 9 月通过建设验收。2013 年 9 月获得省示范校培育项目重点专业旅游管理专业建设立项，2014 年 8 月通过验收，正式成为省示范校重点专业；同年被评为“广东省优秀教学团队”。2015 年，广东万绿湖旅游有限公司周维国总经理获评为广东高职院校高层次技能型兼职教师、校企合作先进个人；同年，校企申报共建广东省大学生实践教学基地项目“河源东源县万绿湖旅游发展有限公司旅游管理专业校外实践教学基地”，获得广东省教育厅立项。2015 年，万绿湖获得河职院“校企合作先进单位”；2016 年，获得“优秀校外实习基地”。校企以合作成果，成功立项 2015 年、2016 年国家旅游局“万名旅游英才计划”“双师型”项目 6 项、“实践型”项目 6 项、“研究型”项目 1 项，获得充分肯定。

表 3–5　产教融合成果一览

| 序号 | 成果名称 | 授予部门 | 年份 |
|---|---|---|---|
| 1 | 广东省“旅游行业技能培训基地” | 广东省旅游局 | 2009 |
| 2 | 优秀教学团队 | 河源职业技术学院 | 2009 |
| 3 | “旅游规划与发展研究中心”（丙级） | 广东省旅游规划设计单位资质等级认定委员会 | 2009 |
| 4 | 广东省旅游教育培训先进单位 | 广东省旅游局 | 2010 |

续表

| 序号 | 成果名称 | 授予部门 | 年份 |
| --- | --- | --- | --- |
| 5 | 广东省高职高专示范性专业 | 广东省教育厅 | 2010 |
| 6 | 中央财政支持高等职业院校提升专业服务产业发展能力项目 | 广东省教育厅<br>广东省财政厅 | 2011 |
| 7 | 广东省旅游系统先进个人（万绿湖旅行社总经理曾惠华） | 广东省旅游局 | 2012 |
| 8 | 广东省示范性高职院校重点建设专业 | 广东省教育厅 | 2013 |
| 9 | 广东省优秀教学团队 | 广东省教育厅 | 2014 |
| 10 | “导游业务”课程获得省级资源共享课立项 | 广东省教育厅 | 2014 |
| 11 | 广东高职院校高层次技能型兼职教师（周维国） | 广东省教育厅 | 2015 |
| 12 | 广东省大学生实践教学基地项目“河源东源县万绿湖旅游发展有限公司旅游管理专业校外实践教学基地” | 广东省教育厅 | 2015 |
| 13 | 广东省林业龙头企业 | 广东省林业局 | 2008 |
| 14 | 国民旅游休闲示范单位 | 广东省旅游局 | 2009 |
| 15 | 广东省森林生态旅游示范基地 | 广东省林业局<br>广东省旅游局 | 2009 |
| 16 | 广东省林业龙头企业 | 广东省林业厅 | 2012 |
| 17 | 校企合作办学先进单位 | 河职院校企合作办学理事会 | 2015 |
| 18 | 广东省诚信示范企业 | 广东省企业联合会<br>广东省企业家协会 | 2016 |

图 3-14　万绿湖与河职院校企合作所获相关表彰

| 2015 年度省高职教育大学生校外实践教学基地建设项目名单 | | | |
|---|---|---|---|
| 序号 | 学校名称 | 申报项目名称 | 项目负责人 |
| 87 | 河源职业技术学院 | 河源东源县万绿湖旅游发展有限公司旅游管理专业校外实践教学基地 | 杨红霞 |
| 88 | 河源职业技术学院 | 景旺电子科技（龙川）有限公司应用电子技术专业校外实践教学基地 | 葛建新 |
| 89 | 河源职业技术学院 | 广东金霸建材河源有限公司模具设计与制造专业校外实践教学基地 | 梁丰 |
| 90 | 河源职业技术学院 | 紫金御临门温泉度假村酒店管理专业校外实践教学基地 | 唐继旺 |
| 91 | 河源职业技术学院 | 河源市绿意传媒有限公司艺术设计专业校外实践教学基地 | 刘亢 |
| 92 | 江门职业技术学院 | 宝瑶珠宝设计制作有限公司珠宝首饰工艺及鉴定专业校外实践教学基地 | 章跟宁 |
| 93 | 江门职业技术学院 | 广东新航线跨境电子商务服务有限公司电子商务类专业校外实践教学基地 | 梁灼铭 |
| 94 | 江门职业技术学院 | 古兜温泉综合度假区旅游类专业校外实践教学基地 | 白露 |
| 95 | 江门职业技术学院 | 广东宝力电器有限公司机电类专业大学生校外实践教学基地 | 徐宝林 |
| 96 | 揭阳职业技术学院 | 揭阳市世纪云商创业服务有限公司商务英语专业校外实践教学基地 | 齐广武 |

图 3-15　省高职教育大学生校外实践教学基地立项名单截图（粤教高函〔2016〕135 号）

## 二、“三通共享”产教融合模式代表性成果

### （一）课题及论文

1. 课题

基于校企深入扎实的合作，双方携手对相关研究项目进行申报，2015 年、2016 年立项原国家旅游局“万名旅游英才计划”之“双师型英才培养项目”6 项、“研究型英才培养项目”1 项，另有省市校各级课题，一共 17 项，体现了校企合作团队的综合实力，也体现了各级部门对校企合作研究成果的充分认可。

表 3-6 课题立项信息

| 序号 | 项目名称 | 立项单位 |
|---|---|---|
| 1 | 高职旅游英语实训教学激励机制研究（WMYC20154-1137） | 国家旅游局（文化和旅游部） |
| 2 | 基于校企合作的导游业务课程实践教学模式创新（WMYC20154-1138） | |
| 3 | 基于行动导向与定制理念的旅游服务礼仪课程改革与实践（WMYC20154-1139） | |
| 4 | 旅游管理专业校企合作育人实践教学模式设计与创新（WMYC20164-1143） | |
| 5 | “校企生”三方互动的旅游专业实习效能提升探索与实践（WMYC20164-1144） | |
| 6 | 高职院校旅游管理专业实习安全与健康管理机制研究（WMYC20164-1145） | |
| 7 | 旅游志愿者服务标准化体系建设研究——以万绿湖导游义工队为例（WMYC20161122） | |
| 8 | 基于服务区域经济的高职旅游管理专业校企合作办学模式实践研究（201401231） | 广东省教育厅 |
| 9 | “校企生”三方互动的旅游管理专业职业核心能力评价体系构建与实践（20141093） | 广东省教育厅 |
| 10 | 基于“四合”理念的高职旅游类专业校企合作模式创新研究与实践（20120202089） | 广东省教育厅 |
| 11 | 校企合作下的企业员工培训体制研究（GLJKT201102054） | 高职高专旅游管理类专业教学指导委员会 |
| 12 | 基于协同育人理念的高职旅游管理专业人才培养模式改革与实践（201503Y46） | 广东省职业技术教育学会 |
| 13 | 基于工作过程的高职旅游管理专业课程体系开发与研究（GDGZ10106） | 广东省高等职业技术教育研究会 |
| 14 | 基于校内生产性实训基地的旅游管理专业教学模式研究与实践（GDGZ11Z025） | 广东省高等职业技术教育研究会 |
| 15 | 基于校内生产性实训的“应用型”导游人才培养模式研究（GDGZ11Y068） | 广东省高等职业技术教育研究会 |
| 16 | 旅游开发背景下万绿湖生态移民农户生计模式变迁——以东源县东星村为例（HYSK16P08） | 河源市社会科学界联合会 |
| 17 | 万绿湖生态旅游目的地竞争力研究（2010Hzy-ky11） | 河源职业技术学院 |

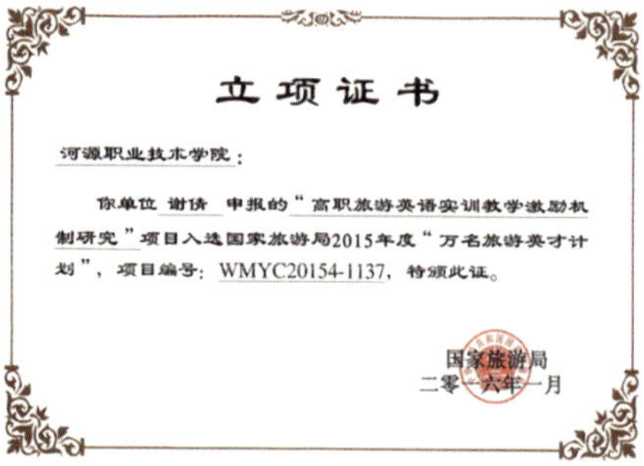
立项证书

河源职业技术学院：

你单位 谢倩 申报的“高职旅游英语实训教学激励机制研究”项目入选国家旅游局2015年度“万名旅游英才计划”，项目编号：WMYC20154-1137，特颁此证。

国家旅游局
二零一六年一月

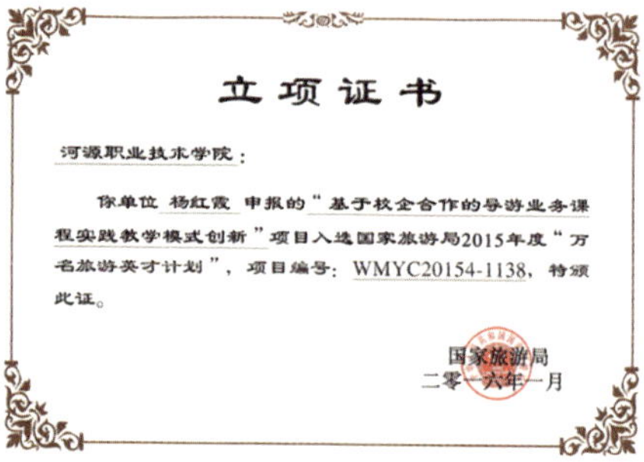
立项证书

河源职业技术学院：

你单位 杨红霞 申报的“基于校企合作的导游业务课程实践教学模式创新”项目入选国家旅游局2015年度“万名旅游英才计划”，项目编号：WMYC20154-1138，特颁此证。

国家旅游局
二零一六年一月

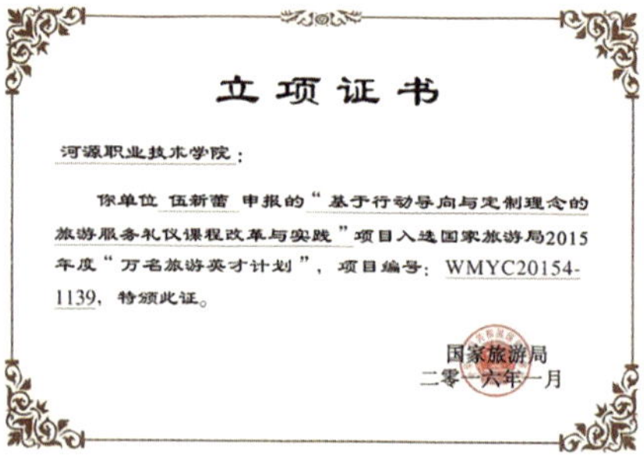
立项证书

河源职业技术学院：

你单位 伍新蕾 申报的“基于行动导向与定制理念的旅游服务礼仪课程改革与实践”项目入选国家旅游局2015年度“万名旅游英才计划”，项目编号：WMYC20154-1139，特颁此证。

国家旅游局
二零一六年一月

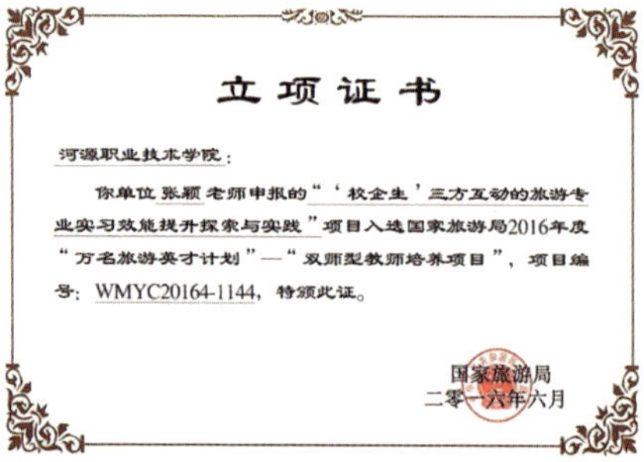
立项证书

河源职业技术学院：

你单位张颖老师申报的“‘校企生’三方互动的旅游专业实习效能提升探索与实践”项目入选国家旅游局2016年度“万名旅游英才计划”—“双师型教师培养项目”，项目编号：WMYC20164-1144，特颁此证。

国家旅游局
二零一六年六月

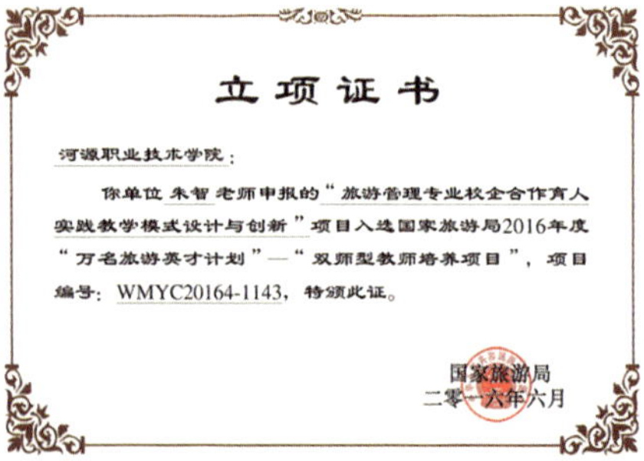
立项证书

河源职业技术学院：

你单位朱智老师申报的“旅游管理专业校企合作育人实践教学模式设计与创新”项目入选国家旅游局2016年度“万名旅游英才计划”—“双师型教师培养项目”，项目编号：WMYC20164-1143，特颁此证。

国家旅游局
二零一六年六月

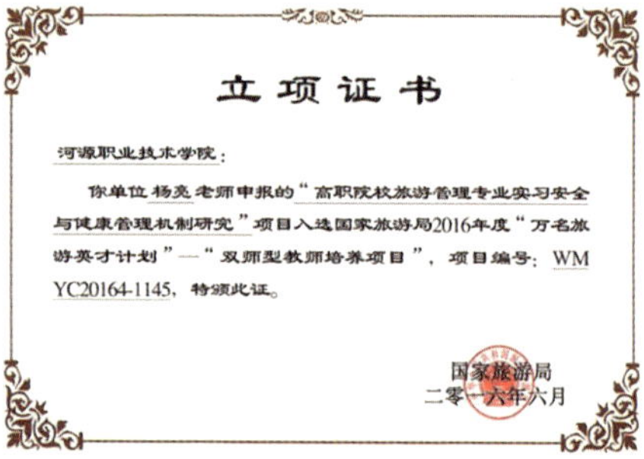
立项证书

河源职业技术学院：

你单位杨尧老师申报的“高职院校旅游管理专业实习安全与健康管理机制研究”项目入选国家旅游局2016年度“万名旅游英才计划”—“双师型教师培养项目”，项目编号：WMYC20164-1145，特颁此证。

国家旅游局
二零一六年六月

图 3–16　国家旅游局“万名旅游英才计划”之“双师型英才培养项目”

暨南大學
JINAN UNIVERSITY

荣誉证书

周维国：

2014年~2017年在读期间获得2016年国家旅游局组织的万人旅游英才计划项目立项

特发此状，以资鼓励。

暨南大学管理学院旅游管理系
2017年6月29日

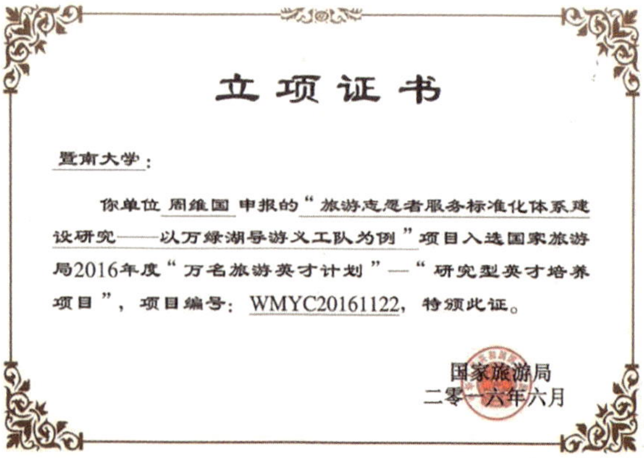
立项证书

暨南大学：

你单位 周维国 申报的“旅游志愿者服务标准化体系建设研究——以万绿湖导游义工队为例”项目入选国家旅游局2016年度“万名旅游英才计划”—“研究型英才培养项目”，项目编号：WMYC20161122，特颁此证。

国家旅游局
二零一六年六月

图 3–17　国家旅游局“万名旅游英才计划”之“研究型英才培养项目”

2. 论文

从2008年至2016年，校企合作团队围绕企业文化、校企合作、实训教学等多个主题开展了持续性研究，先后发表相关论文29篇，成果进入“井喷”阶段。

**表3–7 论文发表信息**

| 序号 | 论文题目 | 作者 | 发表时间 | 发表期刊 |
| --- | --- | --- | --- | --- |
| 1 | 高职教育“工学结合”人才培养模式的发展及其内涵 | 陈海明 | 2008 | 科技经济市场 |
| 2 | 导游核心技能培养的实践性教学探讨 | 陈海明 | 2008 | 萍乡高等专科学校学报 |
| 3 | “工学结合”实训环节中存在的问题及对策 | 杨红霞 | 2008 | 中国校外教育 |
| 4 | 高职旅游教育“触动式”教学过程设计探索 | 胡晓晶 | 2008 | 职教论坛 |
| 5 | 校企共建旅游管理专业校内生产性实训基地的探索 | 俞彤 | 2009 | 清远职业技术学院学报 |
| 6 | 河源市旅游景区人才需求现状及对策分析 | 朱智、陈光烈、俞彤、周维国 | 2009 | 安徽农学通报 |
| 7 | 高职院校旅游管理专业课程体系改革 | 胡晓晶、俞彤 | 2009 | 职业技术教育 |
| 8 | 谈文学作品在旅游开发中的应用——以广东万绿湖镜花缘景区的开发为例 | 陈海明、陈芳 | 2009 | 萍乡高等专科学校学报 |
| 9 | 基于校内生产性实训基地的课程开发探讨——以《旅行社计调业务》课程为例 | 张颖、伍新蕾 | 2010 | 淮北职业技术学院学报 |
| 10 | 高职院校旅游管理专业人才培养模式研究——以河源为例 | 胡晓晶、俞彤、朱智 | 2010 | 贵州商业高等专科学校学报 |
| 11 | 河源城市名片万绿湖的文化价值 | 韦荣 | 2011 | 韩山师范学院学报 |
| 12 | 校内生产性实训基地建设初探——以经管类专业为例 | 俞彤、邓文博、朱智 | 2011 | 中国高校科技与产业化 |
| 13 | 论体验经济背景下的导游词创新——以广东省河源市主要景区为例 | 俞彤 | 2011 | 中国商贸 |
| 14 | 高职高专旅行社经营与管理课程标准开发 | 朱智 | 2011 | 当代职业教育 |
| 15 | 高职旅游管理专业“应用型”导游人才培养模式研究 | 张颖 | 2011 | 武汉船舶职业技术学院学报 |
| 16 | 万绿湖风景区员工培训体制研究 | 杨红霞 | 2012 | 中小企业管理与科技 |
| 17 | 基于“校企生”三方互动的旅游管理专业人才培养模式研究与实践 | 张颖 | 2013 | 晋城职业技术学院学报 |

续表

| 序号 | 论文题目 | 作者 | 发表时间 | 发表期刊 |
|---|---|---|---|---|
| 18 | 基于校内生产性实训基地的应用型导游人才培养模式研究——以河源为例 | 伍新蕾 | 2013 | 河北软件职业技术学院学报 |
| 19 | 产业转型视角下的休闲旅游产业发展探析 | 张颖 | 2013 | 商业时代 |
| 20 | “内外交替，全岗培养”的人才培养模式探索——以旅游管理专业为例 | 张颖 | 2014 | 中国高校科技 |
| 21 | 广东万绿湖生态旅游集聚区旅游新业态发展研究 | 张颖 | 2014 | 中南林业科技大学学报（社会科学版） |
| 22 | 河源市旅游产业与人才资源耦合发展研究 | 张颖 | 2014 | 惠州学院学报（社会科学版） |
| 23 | 基于生态文明的生态旅游竞争力评价 | 胡晓晶 | 2014 | 福建林业科技 |
| 24 | 基于 AHP- 模糊综合评价法的生态旅游集聚区游客满意度研究 | 张颖 | 2015 | 安徽农业科学 |
| 25 | 产业转型视阈下的旅行社计调职业能力评价体系构建研究 | 张颖 | 2015 | 重庆文理学院学报（社会科学版） |
| 26 | 广东万绿湖国家湿地公园解说系统研究 | 朱智 | 2016 | 湿地科学与管理 |
| 27 | 校企协同共建大学生校外实践教学基地的探索与实践———以河源职业技术学院旅游管理专业为例 | 朱智、杨红霞、杨亮 | 2016 | 黄冈职业技术学院学报 |
| 28 | 网络口碑视域下的生态旅游目的地形象感知研究——以广东万绿湖风景区为例 | 张颖 | 2016 | 旅游研究 |
| 29 | 生态旅游集聚区产业转型升级的对策研究——以万绿湖生态旅游集聚区为例 | 伍新蕾 | 2016 | 惠州学院学报（社会科学版） |

## （二）技术服务平台

1. 旅游规划与发展研究中心

2009 年，校企联合成立“旅游规划与发展研究中心”；同年，获得“旅游规划设计资质（粤旅规丙 02-2009）”，为省内高职唯一一家。以此为平台，校企合作团队承担了多项景区规划任务及其他社会服务工作，先后为河源万绿湖、镜花缘、万绿谷、九里鱼等景区提供规划及策划服务，获得企业横向课题经费支持总计 67.8 万元。

图 3-18 规划资质证书

表 3-8 技术服务一览

| 序号 | 服务企业（单位） | 技术服务内容 | 负责教师 | 年份 |
|---|---|---|---|---|
| 1 | 万绿湖风景区 | 制定企业工作制度、人力资源分析报告 | 朱智 | 2009 |
| 2 | 万绿谷休闲度假区 | 景区策划、详规 | 朱智<br>胡晓晶 | 2009 |
| 3 | 河源泰和源发展有限公司 | 连平县大湖镇九里鱼生态休闲度假景区的制图、景区功能分区、景区项目策划、控制性详规内容 | 刘嘉瑜 | 2009 |
| 4 | 河源市旅游局 | 体验旅游背景下的河源导游词创新研究 | 刘嘉瑜 | 2010 |
| 5 | 河源镜花缘景区 | 景区策划、员工培训 | 俞彤 | 2010 |
| 6 | 广东省龙川县旅游局 | 龙川县佗城旅游区导游词创作 | 俞彤 | 2010 |
| 7 | 河源市旅游局 | 河源市旅游局发展“十二五”规划 | 俞彤 | 2010 |
| 8 | 广东省新丰江万绿湖镜花缘旅游有限公司 | 镜花缘校企合作培训及相关服务 | 俞彤 | 2011 |
| 9 | 广东永顺实业集团有限公司 | 永顺集团中层管理人员培训体系研究 | 俞彤 | 2011 |
| 10 | 广东省新丰江万绿湖镜花缘旅游有限公司 | 镜花缘校企合作服务项目 | 俞彤 | 2011 |
| 11 | 广东省新丰江万绿湖镜花缘旅游有限公司 | 镜花缘校企合作及技术服务 | 俞彤 | 2013 |
| 12 | 广东省新丰江万绿湖镜花缘旅游有限公司 | 镜花缘风景区服务质量提升工程 | 俞彤 | 2013 |

续表

| 序号 | 服务企业（单位） | 技术服务内容 | 负责教师 | 年份 |
|---|---|---|---|---|
| 13 | 东源县万绿湖旅游发展有限公司 | 万绿湖风景区创AAAAA服务质量提升工程 | 曾惠华 | 2013 |
| 14 | 东源县万绿湖旅游发展有限公司 | 万绿湖风景区创AAAAA服务质量提升工程 | 曾惠华 | 2014 |
| 15 | 镜花缘景区 | 镜花缘校企合作项目 | 俞彤 | 2014 |
| 16 | 广东省新丰江万绿湖镜花缘旅游有限公司 | 镜花缘风景区服务质量提升工程 | 杨亮 | 2014 |
| 17 | 龙川县旅游局 | 龙川县旅游系统服务质量提升工程及培训 | 张颖 | 2015 |
| 18 | 东源县万绿湖旅游发展有限公司 | 万绿湖风景区创AAAAA服务质量提升工程（第三年） | 曾惠华 | 2015 |
| 19 | 河源市旅游局 | 河源市旅游业发展“十三五”规划 | 杨亮 | 2015 |
| 20 | 河源江东新区管理委员会 | 江东新区旅游发展“十三五”规划 | 杨亮 | 2016 |

2. 广东省旅游行业技能培训基地

2009年，广东省旅游局授予河职院旅游管理专业为“广东省旅游行业技能培训基地”；同年，启动广东省旅游行业劳动力转移培训工作，当年完成238人/次的培训任务。2010年获得广东省旅游教育培训“先进单位”称号，之后作为广东省旅游行业技能培训基地面向全省开展旅游技能培训。

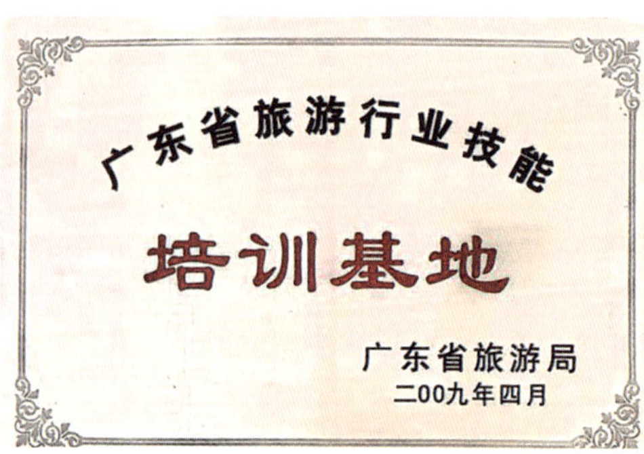


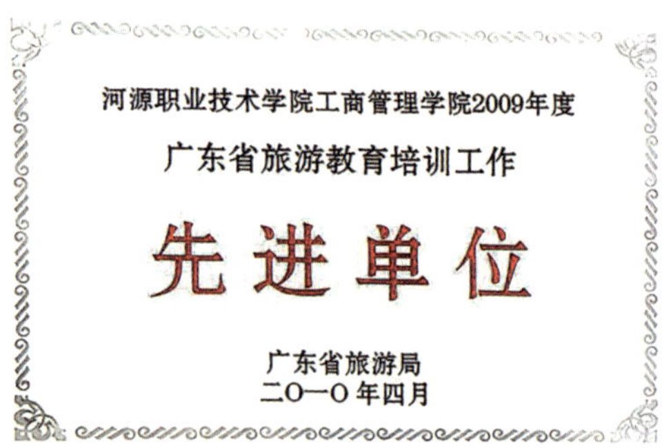


图3-19　培训基地授牌及表彰

3. 广东省大学生校外实践教学基地

2015年，河职院“万绿湖实训基地”立项为广东省大学生实践教学基地——“河源东源县万绿湖旅游发展有限公司旅游管理专业校外实践教学基地”。

以此为基点，校企共同联合行业、政府主管部门，共同对旅游管理专业现有的实践课程体系进行分解和重构，将旅游管理专业的核心技能销售、计调、导游服务与管理融入万绿湖旅游发展有限公司的先进设备、设施、技术和人力资源等企业资源中，提供给学生真实的工作岗位，校企联合组织旅游生产性实训，让学生在真实的企业环境和企业文化中接受熏陶和实训。专业教师与企业职业指导老师共同参与实践教学方案的制订、实施和考核，校企密切合作，提升实践教学的效果。

其中，“万绿湖校园导游俱乐部”和“万绿湖导游义工队”课程以河源及广东地区对旅游管理职业人员的职业和技能要求为依据，将万绿湖旅游发展有限公司人力资源部、市场部、票务部、导游部等部门日常的职业培训课程与旅游管理专业实践课程结合起来，让企业员工、实习生以及河源旅游从业人员在通过相关课程的培训和实践后能为客人提供更好的服务，提升从业人员的素质和技能，发挥实践教学基地的社会功能。

## （三）课程

1. 省级精品资源共享课程 3 门

在“三通共享”产教融合模式下，企业导师、行业专家充分参与到旅游管理专业课程教学中。校企合作团队多年以来丰富的实战经验，为申报精品资源共享课程储备了丰富的教学素材。2008 年，《导游业务》被评为广东省精品课程；2014 年 5 月，《导游业务》《旅行社经营与管理》获得省级资源共享课立项；2016 年，《旅行社计调业务》获得省级资源共享课立项。

表 3-9　校企共建省级精品课程一览表

| 序号 | 级别 | 主持人 | 课程名称 |
|---|---|---|---|
| 2014 年 | 省级 | 俞彤 | “导游业务”广东省精品资源共享课程 |
| 2014 年 | 省级 | 杨红霞 | “旅行社经营与管理”广东省精品资源共享课程 |
| 2016 年 | 省级 | 张颖 | “旅行社计调业务”广东省高职教育精品在线开放课程 |

## （四）师资

经过校企互通互融，专业老师与企业导师在技术指导、成果积累方面互为辅佐，获得共同进步。其中，专业老师入选国家旅游局“万名旅游英才计划”之“双师型”教师 6 人、“研究型”教师 1 人，获得省级以上荣誉 7 项；企业导师获得各级荣誉 10 项。

2012 年，万绿湖旅行社总经理曾惠华作为行业专家正式被引进河职院，主要参与河职院工商管理学院酒店管理专业工作。校企共同打造了一支师德高尚、理论基础扎实、实践经验丰富、教学能力突出、有较高行业影响力的校企融合型省级优秀教学团队。

表 3–10　师资荣誉一览表（2008—2016 年）

| 荣誉称号 | 时间 | 姓名 | 所在单位 |
|---|---|---|---|
| 广东省优秀教学团队 | 2014 年 | 旅游管理专业 | 河源职业技术学院 |
| 国家旅游局“万名旅游英才”之“双师型英才培养项目” | 2015 年 | 杨红霞、伍新蕾、谢倩 | 河源职业技术学院 |
|  | 2016 年 | 朱智、张颖、杨亮 | 河源职业技术学院 |
| 国家旅游局“万名旅游英才”之“研究型英才培养项目” | 2016 年 | 周维国 | 广东万绿湖旅游有限公司 |
| 国家旅游局“中国好导游” | 2016 年 | 周捷航 | 万绿湖 |
| 广东省高职院校高层次技能型兼职教师 | 2015 年 | 周维国 | 万绿湖 |
| 广东省技术创新能手 | 2012 年 | 曾惠华 | 万绿湖 |
| 广东省旅游系统先进个人 | 2012 年 | 曾惠华 | 万绿湖 |
| 全国红色旅游导游大赛广东赛区优胜奖 | 2009 年 | 周捷航 | 万绿湖 |
| 河源市“金牌导游” | 2011 年 | 周捷航 | 万绿湖 |
| 河源市“十佳导游员” | 2011 年 | 周捷航 | 万绿湖 |
| 河源市职工岗位技术能手 | 2011 年 | 周捷航 | 万绿湖 |
| 东源县最美导游 | 2015 年 | 周捷航、张淑娟 | 万绿湖 |

### （五）教材

在专业教学指导委员会的指导下，校企合作共建工学结合教材 4 部，其中传统教材 2 部，富媒体教材 2 部。

图 3-20　出版教材

## （六）项目及竞赛

依托优质校企合作资源和平台，学生学以致用，综合能力得到全面发展。2015 年、2016 年，学生立项原国家旅游局“万名旅游英才计划”之“实践服务型英才培养项目”6 项。

表 3-11　国家旅游局“万名旅游英才计划”之“实践服务型英才培养项目”

| 序号 | 项目名称 | 立项单位 |
|---|---|---|
| 1 | 文明旅游宣传教育（WMYC20153200） | 国家旅游局（文化和旅游部） |
| 2 | 4A 级景区万绿湖风景区导游义工服务（WMYC20153201） | |
| 3 | 河源乡村旅游志愿者服务（WMYC20153202） | |
| 4 | 河源市文明旅游宣传教育志愿活动（WMYC20153203） | |
| 5 | “客家古邑，万绿河源”文明旅游宣传志愿活动（WMYC20163204） | |
| 6 | 河源旅游景区亲自然近文明环保旅游宣传教育志愿活动（WMYC20163206） | |

同时依托“万绿湖杯”校园导游风采大赛、导游词创作大赛，选拔培养优秀选手。2008 至 2016 年期间，学生获得职业院校技能大赛国家级一等奖 2 项、二等奖 1 项，全国旅游院校服务技能大赛奖项 7 项，省级一等奖 9 项、二等奖 3 项、三等奖 3 项，其他奖项多项，共计 45 人次。

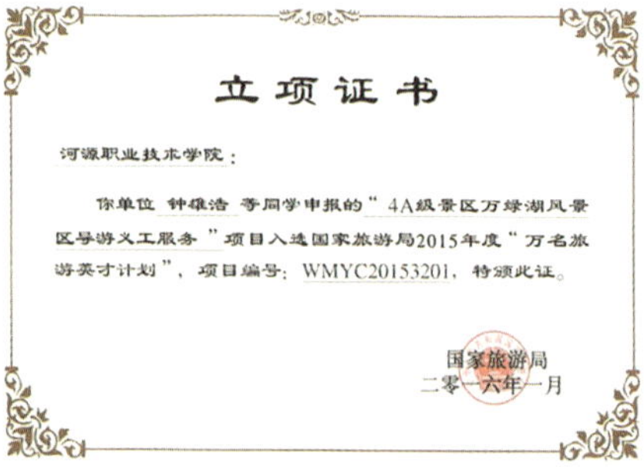
立项证书

河源职业技术学院：

你单位 钟雄浩 等同学申报的“4A级景区万绿湖风景区导游义工服务”项目入选国家旅游局2015年度“万名旅游英才计划”，项目编号：WMYC20153201，特颁此证。

国家旅游局
二零一六年一月

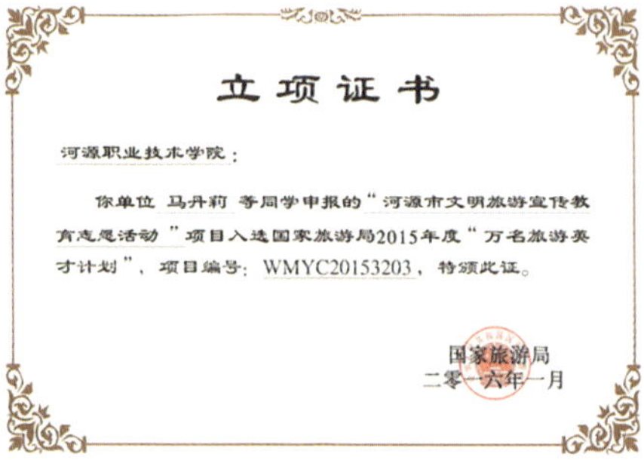
立项证书

河源职业技术学院：

你单位 马丹莉 等同学申报的“河源市文明旅游宣传教育志愿活动”项目入选国家旅游局2015年度“万名旅游英才计划”，项目编号：WMYC20153203，特颁此证。

国家旅游局
二零一六年一月

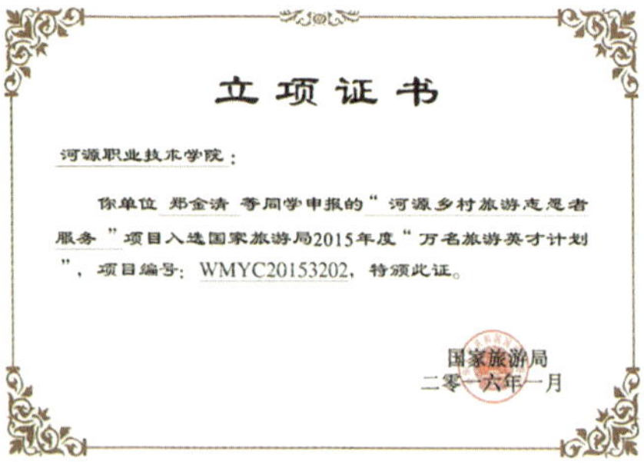
立项证书

河源职业技术学院：

你单位 郑金清 等同学申报的“河源乡村旅游志愿者服务”项目入选国家旅游局2015年度“万名旅游英才计划”，项目编号：WMYC20153202，特颁此证。

国家旅游局
二零一六年一月

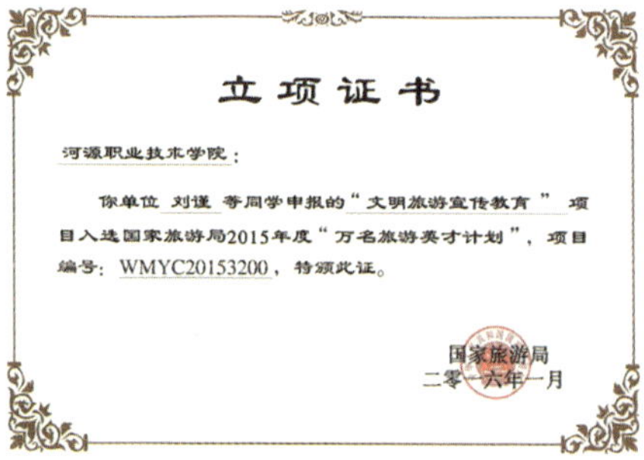
立项证书

河源职业技术学院：

你单位 刘谨 等同学申报的“文明旅游宣传教育”项目入选国家旅游局2015年度“万名旅游英才计划”，项目编号：WMYC20153200，特颁此证。

国家旅游局
二零一六年一月

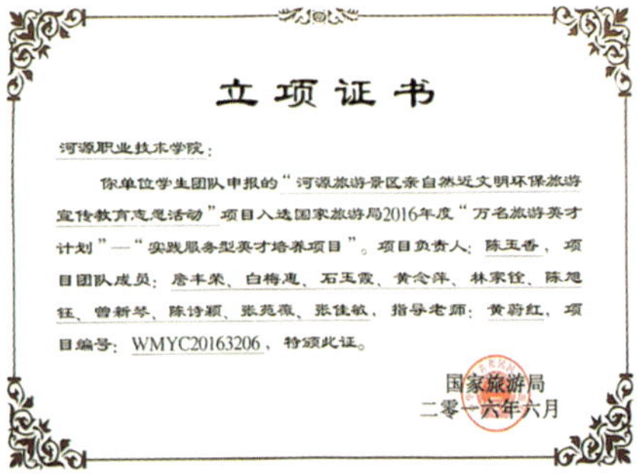
立项证书

河源职业技术学院：

你单位学生团队申报的“河源旅游景区亲自然近文明环保旅游宣传教育志愿活动”项目入选国家旅游局2016年度“万名旅游英才计划”—“实践服务型英才培养项目”。项目负责人：陈玉香，项目团队成员：詹丰荣、白梅惠、石玉霞、黄念萍、林家佺、陈旭钰、曾新琴、陈诗颖、张苑薇、张佳敏，指导老师：黄蔚红，项目编号：WMYC20163206，特颁此证。

国家旅游局
二零一六年六月

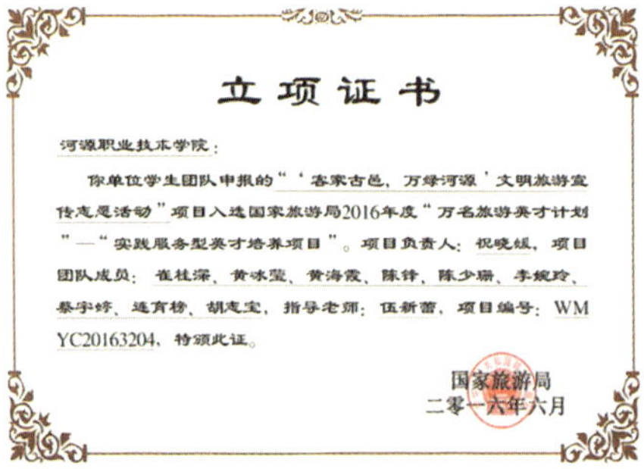
立项证书

河源职业技术学院：

你单位学生团队申报的“‘客家古邑，万绿河源’文明旅游宣传志愿活动”项目入选国家旅游局2016年度“万名旅游英才计划”—“实践服务型英才培养项目”。项目负责人：倪晓媛，项目团队成员：崔桂深、黄咏莹、黄海霞、陈锋、陈少珊、李婉玲、蔡宇婷、连育榜、胡志宝，指导老师：伍新蕾，项目编号：WMYC20163204，特颁此证。

国家旅游局
二零一六年六月

图 3–21 国家旅游局“万名旅游英才计划”之“实践服务型英才培养项目”

表 3–12 学生获奖情况一览（2008—2016 年）

| 序号 | 赛项名称 | 时间 | 参赛学生 | 等次 | 等级 |
|---|---|---|---|---|---|
| 1 | 全国职业院校技能大赛“导游服务”赛项总决赛 | 2014 | 陈林静 | 一等奖 | 国家级 |
| 2 | 全国职业院校技能大赛“导游服务”赛项总决赛 | 2015 | 黄蔓雪 | 一等奖 | 国家级 |
| 3 | 全国职业院校技能大赛“导游服务”赛项总决赛 | 2016 | 廖佳妮 | 二等奖 | 国家级 |
| 4 | 第六届全国旅游院校服务技能大赛（导游服务赛项） | 2014 | 张华华 | 一等奖 | 国家级 |

续表

| 序号 | 赛项名称 | 时间 | 参赛学生 | 等次 | 等级 |
|---|---|---|---|---|---|
| 5 | 第六届全国旅游院校服务技能大赛（导游服务赛项） | 2014 | 张华华<br>陈林静 | 团体一等奖 | 国家级 |
| 6 | 第六届全国旅游院校服务技能大赛（导游服务赛项） | 2014 | 陈林静 | 二等奖 | 国家级 |
| 7 | 第四届全国旅游院校服务技能大赛（导游服务赛项） | 2012 | 张利华 | 中文组三等奖 | 国家级 |
| 8 | 第四届全国旅游院校服务技能大赛（导游服务赛项） | 2012 | 杨雯 | 英文组三等奖 | 国家级 |
| 9 | 第二届全国旅游院校服务技能大赛（导游服务赛项） | 2010 | 蒋雯 | 二等奖 | 国家级 |
| 10 | 第二届全国旅游院校服务技能大赛（导游服务赛项） | 2010 | 刘彬 | 三等奖 | 国家级 |
| 11 | 全国职业院校技能大赛“导游服务”广东选拔赛 | 2016 | 廖佳妮 | 一等奖 | 省级 |
| 12 | 全国职业院校技能大赛“导游服务”广东选拔赛 | 2016 | 蓝清媚 | 一等奖 | 省级 |
| 13 | 全国职业院校技能大赛“导游服务”广东选拔赛 | 2015 | 黄蔓雪 | 一等奖 | 省级 |
| 14 | 全国职业院校技能大赛“导游服务”广东选拔赛 | 2015 | 杨碧君 | 一等奖 | 省级 |
| 15 | 全国职业院校技能大赛“导游服务”广东选拔赛 | 2014 | 郭舒麒 | 一等奖 | 省级 |
| 16 | 全国职业院校技能大赛“导游服务”广东选拔赛 | 2014 | 刘珏 | 一等奖 | 省级 |
| 17 | 全国职业院校技能大赛“导游服务”广东选拔赛 | 2014 | 陈林静 | 一等奖 | 省级 |
| 18 | 全国职业院校技能大赛“导游服务”广东选拔赛 | 2014 | 张华华 | 一等奖 | 省级 |
| 19 | 全国职业院校技能大赛“导游服务”广东选拔赛 | 2014 | 魏诗欣 | 二等奖 | 省级 |
| 20 | 全国职业院校技能大赛“导游服务”广东选拔赛 | 2015 | 廖佳妮 | 二等奖 | 省级 |
| 21 | 全国职业院校技能大赛“导游服务”广东选拔赛 | 2014 | 杨碧君 | 三等奖 | 省级 |
| 22 | 全国职业院校技能大赛“导游服务”广东选拔赛 | 2013 | 陈林静 | 一等奖 | 省级 |

续表

| 序号 | 赛项名称 | 时间 | 参赛学生 | 等次 | 等级 |
|---|---|---|---|---|---|
| 23 | 全国职业院校技能大赛“导游服务”广东选拔赛 | 2013 | 张华华 | 一等奖 | 省级 |
| 24 | 全国职业院校技能大赛“导游服务”广东选拔赛 | 2013 | 杨雯 | 一等奖 | 省级 |
| 25 | 全国职业院校技能大赛“导游服务”广东选拔赛 | 2013 | 梁美欢 | 二等奖 | 省级 |
| 26 | 全国职业院校技能大赛“导游服务”广东选拔赛 | 2013 | 刘晓静 | 三等奖 | 省级 |
| 27 | 第四届广东省大学生旅游文化节导游技能大赛 | 2011 | 吴奕纯 | 一等奖 | 省级 |
| | | | 张利华 | 三等奖 | |
| 28 | 第十一届广东省“挑战杯”广东大学生课外学术科技作品竞赛 | 2011 | 周莹莹等5人 | 特等奖 | 省级 |
| 29 | 广东省职业技术大赛“广东中旅杯”导游人员职业技能大赛 | 2010 | 蒋雯 | 南粤优秀导游员 | 省级 |
| 30 | 广东大学生旅游文化节暨大学生旅游形象大使选拔赛 | 2009 | 蒋雯 | 冠军 | 省级 |
| 31 | 第二届全国红色旅游导游员电视大赛广东赛区选拔赛 | 2008 | 李娜 | 优秀奖 | 省级 |
| 32 | 第四届河源市十佳导游大赛 | 2011 | 吴奕纯<br>张利华 | 十佳导游 | 市级 |
| 33 | 第三届河源市十佳导游大赛 | 2010 | 蒋雯等5人 | 十佳导游 | 市级 |
| 34 | 第二届河源市十佳导游大赛 | 2009 | 杨炯蓓 | 十佳导游 | 市级 |
| 35 | 第二届河源市十佳导游大赛 | 2009 | 张冰纯 | 十佳导游<br>最佳讲解奖 | 市级 |

图3-22 2012年“万绿湖杯”导游风采大赛

图3-23 国赛一等奖获奖现场（2014年）

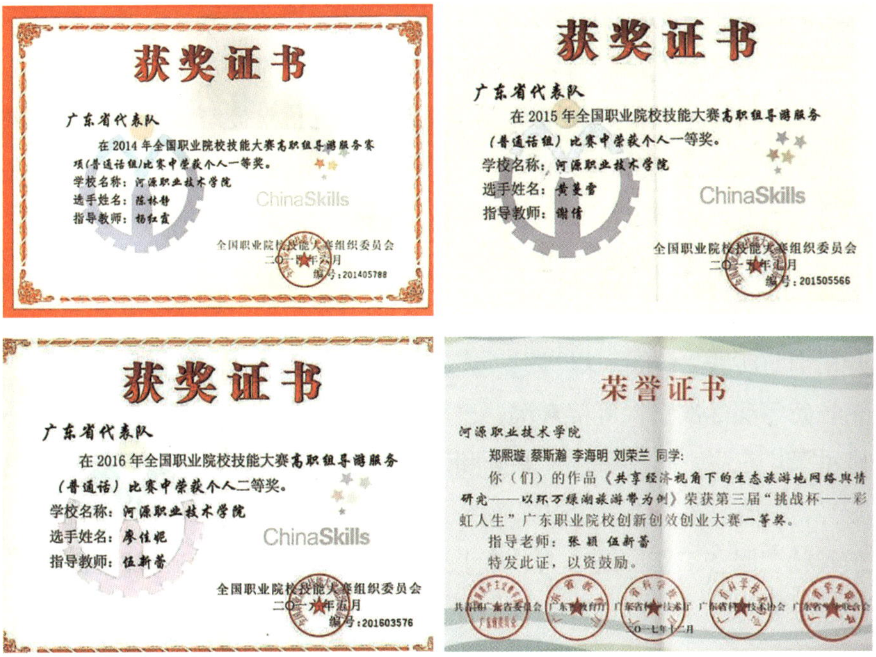


图 3-24 2014-2016 获奖证书（例）

## 三、校企合作典型人物

曾惠华，原万绿湖旅行社总经理，2012 年调任河职院工商管理学院，2018 开始负责工商管理学院校企办公室主任工作。

在万绿湖旅行社工作的 15 年间，她带领团队开发了“尊老号”“万里路”等系列品牌产品，打造了“团结奋进、勇创一流”的企业文化和“五心”服务理念，助力旅行社业务量多年稳居河源市旅行社行业前列，为旅行社获得了同行乃至全社会的好评。其本人也获得了广东省旅游系统先进个人、河源市“青年岗位能手”、东源政协优秀委员等诸多荣誉。

图 3-25 校企合作典范人物曾惠华

2008 年 5 月，曾惠华总经理代表河源市万绿湖旅行社与河职院旅游管理专业签署校企合作协议，开创性地设立“校中厂”——万绿湖旅行社大学城营业部，其实干的工作作风与创新的工作意识，既保证了校企合作的顺利开展，也为河职院培养出了一批批的优秀旅游人。

2012 年进入河职院后，曾惠华继续以其敬业、拼搏的匠人精神，快速成长为备受学生喜欢的优秀教师。从教 12 年，曾惠华主持国家现代学徒制试点项目、原国家旅游局、省、市、校级课题 7 项，主持《河源市研学旅游机构服务规范》《河源市党政机关会议服务规范》地方标准起草工作，参与地方标准评审 11 个，河源市研学基地评审及复审 27 家，服务各级政府部门、事业和企业单位 40 多家，主持技术服务 32 项，技术服务经费 174.5 万元，社会培训 7550 人次；发表论文 3 篇，参编《服务型员工阶梯式素质提升培训与实践》《旅行社计调》《客家菜点制作》教材；指导学生参加各类比赛荣获广东省特等奖 2 次，二等奖 7 次，三等奖 2 次。其间，其本人先后被评为广东省三八红旗手、广东省“青春暖流 · 共享和谐”主题活动先进个人、广东省教育厅教学成果二等奖、民盟广东省委员会思想政治建设和宣传工作先进个人、2022—2023 年度民盟广东省社会服务工作先进个人、第十五届、十六届广东省“挑战杯”竞赛优秀指导教师奖、等等。

# 04 第四章

# 裂变：产教融合模式辐射效应

# 第一节　“四链协同”产教融合模式

## 一、模式介绍

2014年，《国务院关于加快发展现代职业教育的决定》（国发〔2014〕19号）中提出了“产教融合”。2015年，《教育部关于深化教育教学改革全面提高人才培养质量的若干意见》（教职成〔2015〕6号）提出“推进产教深度融合”。国务院办公厅印发的《关于深化产教融合的若干意见》提出，“深化产教融合，促进教育链、人才链与产业链、创新链有机衔接，是推动教育优先发展、人才引领发展、产业创新发展、经济高质量发展相互贯通、相互协同、相互促进的战略性举措”。2021年10月，中共中央办公厅、国务院办公厅印发的《关于推动现代职业教育高质量发展的意见》指出，“坚持产教融合、校企合作，推动形成产教良性互动、校企优势互补的发展格局”，要求“完善产教融合办学体制”。2022年5月1日，新修订的《中华人民共和国职业教育法》以“产教融合”一词取代旧版《中华人民共和国职业教育法》中的“产教结合”，提出要重视企业在职业教育中的办学主体作用，推动企业积极参与到职业教育发展中。“产教融合”作为职业教育与产业的深度融合，满足了社会对技术技能型人才的需求，是促进职业教育发展的大势所趋，也是我国职业教育现代化建设的必然选择。这一系列政策文件的出台，为河源职业技术学院和广东万绿湖风景区的产教融合发展，提供了良好的外部环境和政策保障。

深化产教融合是贯彻落实党的二十大精神，推进教育、科技、人才一体化发展的重要实践，是实现科技自立自强的必然选择。国家的政策支持为河源职业技术学院和广东万绿湖风景区的校企合作进入3.0合作模式提供了基础和前提，也为走向“四链协同”产教融合育人模式提供了广阔的发展空间。河源职业技术学院和广东万绿湖风景区“四链协同”产教融合模式的实施需要政府、企业、学校等多方面的合作与支持。自2017年以来，河源职业技术学院与万绿湖的合作全面升级，校企双方在人才培养、产业创新、教育、人才供给等方面进行了一系列的深入合作，双方正式进入3.0合作模式（2017—2024年），即“四链协同”产教融合人才培养模式。2017年，广东省大学生校外实践教学基地——广东万绿湖成果验收；2020年，“校中厂”转型升级成立“广东万绿湖研学中心”，开展研学指导师的培养和社会实践，组织“1+X”研学策划师考证；2021年，挂牌成立“广东万绿湖研学旅行中心”校内生产型实训基地；2022年，正式成立“河职院·万绿湖文旅产业学院”。校企双方进行更加全面的合作，企业参与教学、管理和实习的全过程，学生参与营业部的实际运营和管理，形成并实施了教育链、产业链、创新链、人才链“四链协同”产教融合模式。

“四链融合”是产教融合的新理念和新行动，是产教融合的重要组成形式和内容。河源职业技术学院和广东万绿湖风景区“四链协同”产教融合模式是指学校主动面向区域、行业、产业需求，基于教育链、产业链、创新链、人才链“四链融合”模式，秉承“思创融合、专创融合、科创融合、产创融合”的教育理念，依托各学院、管理部门和行业企事业单位，整合优质师资和科研教学条件，形成以“四链”为主线的校企协同育人模式。河源职业技术学院和广东万绿湖风景区充分把教育资源、人力资源、产业资源和创新资源进行相互整合、相互促进，构建应用型人才培养体系，形成产教深度融合、协作共赢的良好生态。

特别是为了深化校企产教融合合作，在 2022 年和 2023 年校企双方分别建立了两个产业学院：河源职业技术学院·万绿湖文旅产业学院和河源职业技术学院·万绿湖文创产业学院，这两个产业学院是校企“四链协同”产教融合育人模式的典型案例。通过两个产业学院的建设，不仅向学校投入大量的科技创新资金，还通过产业融合的教育和培训，为企业培养并源源不断地输入新鲜血液。河源职业技术学院与万绿湖风景区的“四链协同”产教融合模式需要创新链、产业链、教育链和人才链的深度融合与协同发展。其中产业链是基础，创新链是动力，教育链是保障，人才链是以上三链的主体力量。

河源职业技术学院与万绿湖风景区的“四链协同”产教融合模式的内在逻辑如图 1 所示：

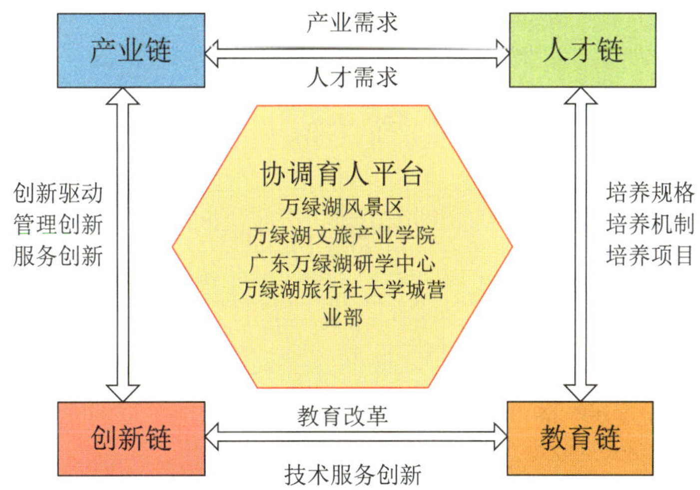


**图 4-1 “四链协同”产教融合人才培养模式**

## （一）教育链

教育链是基础。百年大计，教育为本，教育在我国社会主义现代化中具有基础性、先导性、全局性意义。教育链在“四链”之中是基础，而教育链的基础牢靠不牢靠，直接关系到人才、创新和产业链的稳固和发展。河源职业技术学院旅游管理专业群紧密联系万绿湖风景区构建了专业课程体系、课程资源库和现代产业学院，形成了坚实、创新的教育链条。

### 1. 构建专业课程体系

河源职业技术学院旅游管理专业群紧密联系万绿湖风景区，共同构建基于职业岗位分析的、课证融合的课程体系。首先，对万绿湖风景区所对应的职业岗位（群）能力进行深入分析，并结合行业规范和职业标准，以职业岗位（群）→工作任务→行动领域→学习领域分析流程作为主线，构建“教学做一体”基于工作过程的专业课程体系，同时，把培养学生终身学习能力、可持续发展能力放在突出地位，加大培养拓宽学生专业领域、知识技能选修课在教学计划中的比重，建立“平台共享、多层递进、跨界融合”专业群课程体系。

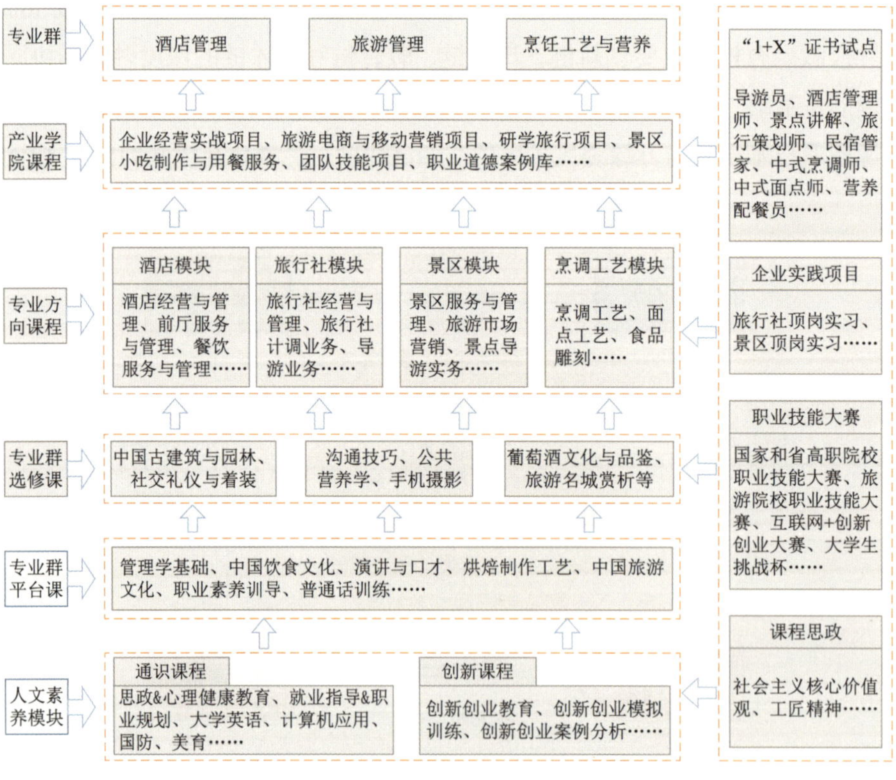


图 4–2　“平台共享、多层递进、跨界融合”专业群课程体系

2. 构建课程资源库

产业学院根据旅游管理专业群各专业的人才培养方案，重新梳理各专业教学资源库，增加企业、行业的资源，共建适合在校生和企业员工终身学习的课程资源库。

3. 建设现代产业学院

万绿湖风景区与河源职业技术学院深化合作，在2022年和2023年校企双方分别建立了两个产业学院：河源职业技术学院·万绿湖文旅产业学院和河源职业技术学院·万绿湖文创产业学院，这两个产业学院是校企“四链协同”产教融合育人模式的典型案例（后面分别简称河职院·万绿湖文旅产业学院和河职院·万绿湖文创产业学院）。通过两个产业学院的建立，校企共同开发教学资源，开展专业人才培养、企业员工培训、教师顶岗实践和校企合作教材和课程开发等，利用企业优势形成教育闭环，为企业的发展提供源源不断的新鲜血液。

### （二）人才链

人才链是资源。人才不仅仅是资源，而且是第一资源。创新的人才在产业链的强大和发展中的地位尤为重要。河源职业技术学院·万绿湖文旅产业学院整合学校、行业、企业的优质资源，充分利用河职院乡村振兴学院、旅游规划与发展研究中心（丙级，高职院校唯一）、校园导游俱乐部、万绿湖导游义工队、礼仪协会、青年益工社、唐汉团队、酒店管理协会等六个协会培养人才，打造集产、学、研、转、创、用于一体，互补、互利、互动、多赢的实体性校企协同育人平台。

通过该育人平台，校企双方共同研究与规划文旅产业学院发展方向、共同制定和实施人才培养方案、共同开发专业课程与教材、共同承担课程教学、共同承担项目和课题、共同创新服务体系、共同设立奖助教学金、共同开展学生胜任力评价，全方位强化学生实践创新能力培养。学生通过该育人平台，在大一、大二学习专业知识期间即可以到万绿湖风景区进行岗位实习，不断提升自己的专业技能和实践能力。大三期间通过专业实习和岗位实习深入万绿湖风景区，毕业即可任职企业正式岗位并成为企业的重要人才补充力量。通过三年的校企联合培养，为企业培养专业技能强、综合素质高的人才，并为地区提供优秀人才，助力当地经济发展。

### （三）创新链

创新链是主线。创新链是链接教育链、人才链、产业链的纽带，贯穿于三个链条之中。在万绿湖风景区与河源职业技术学院旅游管理专业群合作的过程中，双方不断创新合作模式和人才培养方法。

在校企合作模式上，双方经历了1.0“工学结合”校企合作模式、2.0“三通共享”产教融合模式和3.0“四联协调”产教融合育人模式共三个阶段。目前3.0“四链融合”产教融合育人模式通过建设产业学院，创新组织结构，打破了学校和企业内部行政机构之间的界限，从保障现代产业学院良好运行的角度梳理机构、职能、职责，形成了由学校、企业双方人员组成，多部门人员共同参与的现代产业学院组织架构，各司其职、各尽其能，现代产业学院的生产、管理、教学和培训都实现了有效管理、有序运行。

在人才培养方面，根据校、企、行业三方的资源对课程教学进行“三教”改革，教师，由学校教师改为校企双导师，理论＋实操双指导；教材，由学校推荐的教材＋企业岗位SOP+任务工单等方式，既有理论基础，又有实操流程和标准；教法，从教室到真实工作场景，从理论到虚拟仿真到真岗教学，更灵活使用情景教学，让学生在做中学、错中学，收到更佳教学效果。同时学校和企业也鼓励专业教师大胆创新，在课程思政、信息化教学、精品课、金课建设、教学资源库等给予资金和技术支持。

### （四）产业链

产业链是根本。河源职业技术学院旅游管理专业群与万绿湖风景区共建产业协同创新中心，共建科研团队，深化拓展校企合作渠道，探索校企共建“高水平专业群产教融合实训基地”和“产教融合型企业”，依托企业共建合作平台，开展综合型人才培养、创业孵化、研学产品研发与落地，文创科技攻关和横向课题研究，加快成果转化。进一步提高河职院和万绿湖的人才培养质量，助力河源文旅消费产业发展，助推乡镇城融合发展，助力乡村振兴。在校企合作基础上，校企双方还联合开发了一系列社会培训项目，为河源文旅产业发展提供智力支持。自2020年起，河源职业技术学院旅游管理专业群专业教师就与万绿湖风景区企业管理层深度合作，联合开发适合企业员工培训的课程，为行业企业开展各类培训。例如，自2013年起，河源职业技术学院承办万绿湖风景区创5A级旅游景区质量提升培训项目，2013—2021年，共有7年校企合作“万绿湖风景区创AAAAA服务质量提升工程”，合作金额达243000元（未计算2013年），为万绿湖风景区创5A级提供专业技能培训、服务质量培训、产品开发培训等多种培训课程，并取得良好的效果；2022年6月，河源职业技术学院·万绿湖文旅产业学院承办河源市讲解员红色文化讲解服务培训，由学校教师和企业优秀人才担任培训讲师；2023年2月份，承办河源市讲解员服务质量提升培训会，企业代表金牌导游周捷航担任培训讲师。

## 二、机制建设

产教融合管理体系和机制建设是“四链协同”产教融合模式的关键一环，这不仅关系到“四链协同”产教融合育人模式的具体落实与成效，还是确保“四链协同”产教融合育人模式有效运行的基础和前提。因此，建设“四链协同”产教融合模式必须加强体制机制建设，建立运行机制，才能保证产教融合育人工作高效、科学进行。

河源职业技术学院和广东万绿湖风景区“四链协同”产教融合育人模式的运行体系以共生理论与机制为指导，着力激活各主体的能动性，以实现协同育人为目标，致力于培养高素质技术技能人才，更具可操作性和可复制性。河源职业技术学院和广东万绿湖风景区“四链协同”产教融合育人模式的机制建设主要体现在三个方面，分别是组织领导机制、工作推进机制、质量评价机制，具体内容如下：

### （一）组织领导机制

依托学校的校企合作管理机制，以学校的校企合作政策和制度为基础，架构与学校管理并行的校企合作管理平台。实现学校领导与企业高层、学校职能部门负责人与企业中层、学校教师与企业技术骨干分层对接协同推进产教融合工作。河源职业技术学院和广东万绿湖风景区“四链协同”产教融合育人模式的组织领导机制如下所示：

1. 相关人员设置

（1）产教融合项目领导小组

组长：袁光华（河职院副校长）、周维国（董事长）

副组长：俞彤（工商管理学院院长）、周勇（总经理）

（2）产教融合项目管理团队成员

企业人员：邝国辉（行政部副总）

校方人员：张颖（工商管理学院副院长）、曾惠华（工商管理学院校区办公室主任）、胡方（河职院客家文化学院院长）

（3）产教融合项目团队成员

杨亮：旅游管理专业主任

杨锦冰：烹调工艺与营养专业主任

王凌辉：酒店管理与数字化运营专业主任

杨红霞：旅游管理专业教师

伍新蕾：旅游管理专业教师

冯四朵：旅游管理专业教师

史万莉：酒店管理与数字化运营专业教师

吴雄昌：烹调工艺与营养专业教师

古建新：行政部经理

张伟新：市场部

周捷航：导游部

产教融合项目领导小组：负责产教融合项目整体策划、决策和监督，由河源职业技术学院副校长袁光华、董事长周维国担任组长，俞彤（工商管理学院院长）、周勇（总经理）担任副组长。

“四链协同”产教融合项目管理团队：由校方和企业各相关部门负责人担任管理团队成员。

2. 工作人员与职责

项目领导小组：负责制定“四链协同”产教融合育人项目的发展策略和政策措施，协调解决项目实施中的重大问题和矛盾。

项目管理团队：制定项目工作计划和进度安排，监督项目进展情况，负责项目日常管理和协调。项目团队成员按照项目计划和任务分工，开展具体的团队建设、产品设计、技能人才培育等工作。

### （二）工作推进机制

1. 依托共同体产业优势，构建校企课程联合开发机制和联编教材机制

河源职业技术学院和广东万绿湖风景区通过多年合作，双方达成共识，即：在培养学生的过程中不仅遵循教育标准，而且要满足行业的要求，推动行业标准真正成为职业教育标准。因此，旅游管理专业在人才培养方面，根据岗位需求、社会需求和学生特点每年修订专业的人才培养方案，校企协同教研确定“教什么、学什么、为谁教、怎么教”等问题，创新设计人才培养方案，规范使用专业教学方法。推动订单培养，校企联合开发课程，接受培养的学生入职即成为景区不可或缺的技术骨干。同时，搭建行业导师库，完善薪酬管理体系，院校据课时、岗位、项目向企业导师支付工作报酬，企业将员工在院校兼职收入纳入员工薪酬管理体系。

旅游管理专业在教材建设方面，特别重视让企业人员参与编辑以及共同开发，双方共同开发了《旅行社计调业务》《旅游市场营销》《旅行社经营与管理》《服务礼仪与形体训练》《旅游服务心理学》等多本产教融合型教材和数字化教材。通过对接最新职业标准、行业标准、岗位标准、人才标准，融合生产现场实际和行业企业新技术等要

求，有效嵌入万绿湖风景区管理实践，建成专业基础知识相对固定，具体案例以活页、工作手册或电子资源形式呈现的教材，既保障了教材的基本规范和出版要求，又丰富了教材数字化应用场景，为教材建设中所面临的开发出版与实践脱节的问题提供有益解决思路。

2. 依托校企合作优势，构建校企产业学院联合培养

有效实施产教融合，要创新其组织形态，不断完善校企双方合作体制机制。一是丰富产教融合载体的表现形态，积极打造市域产教联合体和行业产教融合共同体，汇聚校企产学资源，构建校企发展新平台，服务和促进产业发展。河源职业技术学院和广东万绿湖风景区不断探索有效实施产教融合的方法，创新其组织形态，不断完善校企双方合作体制机制。河源职业技术学院和广东万绿湖风景区深度贯彻“四链协同”产教融合模式，以旅游管理省级高水平专业群为依托，把握“产业”逻辑，以群建院，从行业企业的行为动机出发去思考产业学院的职能和建设思路，建设具有地方特色的校企命运共同体，于 2022 年组建了河职院·万绿湖文旅产业学院，于 2023 年成立了河职院·万绿湖文创产业学院。依托两个产业学院，学校将在企业员工输送员工培养和企业社会服务方面更好地做好人才培养，形成旅游职业教育促进地方性发展的新格局，为实施科教兴国战略、强化现代化建设人才支撑奠定坚实基础。

同时，在校企双方构建产业学院的基础上，双方明确了产教融合中教育的服务角色。深刻明确了教育在产教融合中的服务定位，实现产教融合应以为企业解决问题为前提，以产业发展方向为合作方向，向产业集聚的方向聚合教育资源，更好地实现教育服务产业与经济发展。

3. 依托双方优势，构建行业导师进校以及学校导师下企业工作机制

针对教师产业经验缺乏、教育技能老化的问题，一方面，从企业直接聘请成熟的技术能手、具有丰富实践经验的一线岗位技术人员担任全职、兼职教师。每年旅游管理专业会选拔一批企业兼职教师进校进行实地教学和实践教学。组建校企合作人才资源库，引进企业的技能大师工作室，例如周捷航金牌导游工作室。依托金牌导游工作室让学生直接感受新技术，建立当前学习与未来工作之间的直接联系和期待。另一方面，建立校企双向流动工作制度。企业管理人员深入学校，从学校到企业、从行业到专业，传授给学生一线的管理经验。专业教师到企业生产一线实践，不同的流动不仅带来最新的管理技术和经验，同时也为企业的发展提供新的动能。教师利用寒暑假定期开展企业实习，企业为学校教师设置实践岗位，并提供一定数量的学生实习岗位，实现企业、学校的双向流通。

### （三）质量评价机制

《深化新时代教育评价改革总体方案》明确指出，“教育评价事关教育发展方向，有什么样的评价指挥棒，就有什么样的办学导向”。教学评价是教育教学过程中不可或缺的重要环节，对于提高教育质量、促进学生成长和推动教育事业发展具有至关重要的作用。因此，河源职业技术学院和广东万绿湖风景区在贯彻“四链协同”产教融合模式时，也构建了健全的教学质量评价体系，不断提高企业所需人才的培养质量。

1. 校企融合，构建“三维评价”运行机制

学校坚持职业教育办学定位，坚守服务地方经济社会发展的初心使命，搭建产教融合、校企合作平台，增强行业企业参与力度，紧紧围绕“为谁培养人、培养什么人、怎样培养人”这一根本问题，立足教师、学生和社会“三个维度”，健全综合评价、强化过程评价、探索增值评价和改进结果评价，推进团队评价科学化、教师评价特色化、学生评价人本化、社会评价多元化。

（1）落实“双师型”教师评价

河源职业技术学院严格遵照教育部办公厅《关于做好职业教育“双师型”教师认定工作的通知》以及广东省教育厅印发的《广东省职业教育“双师型”教师认定工作方案》的要求，贯彻落实“双师型”教师评价体系，具体来说，做到以下几个方面：一是明确认定范围和标准。以学校专业课教师（含实习指导教师）为主，制定初、中、高级“双师型”教师合格性认证标准。二是严格标准要求。坚持把师德师风作为衡量“双师型”教师能力素质的第一标准，突出对理论教学和实践教学能力的考查，注重教学改革和专业建设实绩。三是加强组织实施。明确认定基本流程，由省级教育行政部门负责认定工作的组织领导、统筹协调，认定主体由具备认定条件的学校、第三方机构或专家组织等担任。四是强化监督评价。明确国家和地方对“双师型”教师认定工作的监督评价等学校也制定相关的措施对“双师型”教师认定工作进行监督评价。五是促进持续发展。明确职业学校“双师型”教师的发展路径、制度保障、待遇倾斜、认定和复核周期等内容。在教师聘期考核、职称评审、评优评先及各类专业（课程）建设项目中，设置蕴含“双师型”元素的工作要求和任务目标，推进“双师型”要素融入全方位教师评价。

（2）企业参与学生的综合素质评价

坚持“三全育人价值体系”，积极构建课程思政建设工作格局，健全学生综合素质评价指标体系。学生社会实践是学生综合素质评价的一部分，旅游管理专业在对学生进行综合素质评价时，鼓励企业方参与评价，并把企业的评价进行赋分。具体来说，

分为以下三个方面：第一，在河职院 · 文旅产业学院的基础上，学校跟企业签订合作协议，明确双方的权责，并制定相应的合作计划。通过与企业的合作，学生能够接触实际问题，了解实际操作流程，并将所学知识运用到实践中，提升自己的实践能力。同时企业也针对学生的表现进行评价，提高合作效率。第二，校企参与评价有助于提高学生的职业素养。在校企合作中，学校根据企业需求调整课程设置和教学内容。学生通过学习企业文化、职业道德等方面的知识和技能，提高自己的职业素养。企业参与学生评价是检验实习效果的重要举措。第三，学校建立完善的评价机制，完善职业技能考试和职业能力测评评价方式，探索建立过程性考核与结果性考核有机结合的学业考评制度，完善实习（实训）考核办法，基于增量增值挖掘学生发展潜力，对学生进行全面客观的评估。

（3）科学进行社会服务效益评价

河源职业技术学院和广东万绿湖风景区在贯彻“四链协同”产教融合模式时，建立了社会服务效益科学评价体系。以破除“五唯”（“五唯”是指唯分数、唯升学、唯文凭、唯论文、唯帽子）为导向，建立社会服务效益分类评价标准，创新科研评价体系，提高专业教师科研服务社会能力。建立利益分享机制，激励万绿湖高管深度参与旅游管理专业规划、教材开发、教学设计、课程设置、实习实训等，将企业的需求融入人才培养与评价各个环节。同时，河源职业技术学院和广东万绿湖风景区双方共同开发旅游管理专业教学标准，将行业企业岗位标准和用人标准贯穿学生考核评价目标，并在毕业生就业质量反馈中主动吸纳家长和社会公众的评价。

2. 多方举措，构建“责任到人”质量保证体系

校企双方借鉴 ISO9001 系列质量管理标准体系和全面质量管理理念，通过行业企业、学生、其他社会组织和学校的“多方参与”建立“多层评价标准”，采取“多方举措”完善学校和企业制度，建立共同参与教学质量监控与评价的体制机制。

一是多方参与，政府、行业企业、第三方、校内外两级督导队伍、教师、在校生、毕业生和相关部门等参与主体，参与质量保证的决策指挥、资源建设、质量生成、支持服务、后勤保障、监督管理等。二是采取多层质量评价标准。构建“企业—专业—课程—教师—学生”等多层面质量标准，从学术质量标准延伸至政府、行业企业标准，并拓展至满足教师职业发展和学生可持续成长需要的诊断要素和考查指标。三是采取多措并举，完善内部质量保证监控系统。从组织、政策、制度、机制、经费等方面，完善内部质量保证监控系统，完善督导信息化平台，开展内部质量保证和质量改进工作。四是进行多元评价。对企业、专业、课程、教师、学生等评价对象，实行终结性评价与发展性评价、自评与互评、专项评价与综合评价、团队评价与个体评价相结合

的多元评价。

3. 持续改进，探索“以学促教、企业参与”课程评价改革

一是坚持“校企合作，以评促学”。在河职院·文旅产业学院的基础上，学校对学生的评价不再仅仅局限于传统的考试成绩，除了定期的理论知识测验，还增加了实践操作考核、项目报告评估、课堂表现观察等环节。这使得学生们更加注重平时的学习积累和综合能力的提升。例如，在万绿湖导游词讲解的实践课程中，学生需要到万绿湖完成一系列实际项目，并通过现场演示和答辩来展示自己的成果，然后由校企双方导师进行评价。这种评价方式不仅激发了学生的学习兴趣，还培养了他们解决实际问题的能力和创新思维。二是深化“以学促教”。团队组织学生评教、同行评教、督导评教、企业评价，收集他们的意见和建议，根据这些评价结果，教师们能够及时发现教学中存在的问题，调整教学策略和方法。为了确保评价的公正性和有效性，学院还不断完善评价机制，加强对评价数据的分析和运用，为教学决策提供有力依据。此外，定期对评价指标和标准进行修订，使其与教育教学的发展趋势和社会对人才的需求相适应。三是坚持价值引领，教学相长。学校坚持将价值引领、知识传授与能力培养融入人才培养，融合校企文化，营造职业情境，形成与学业成长过程相符合的课程思政育人过程。积极探索项目式、情景式、OFS混合式等多种课堂教学模式，推进课堂教学改革。推动科教融汇，以创新和服务理念为指导，将科学研究与教育实践紧密结合，激发学生的学习潜能。采用创新驱动教学策略，以任务为导向，激发学生的创新意识，培养学生的创新能力。

## 三、运行情况

自2017年以来，河源职业技术学院与万绿湖的合作全面升级，校企双方在人才培养、产业创新、教育、人才供给等方面进行了一系列的深入合作。双方正式进入3.0合作模式（2017—2024年），即“四链协同”产教融合人才培养模式。校企双方秉承“思创融合、专创融合、科创融合、产创融合”的教育理念，依托各学院、管理部门和行业企事业单位，整合优质师资和科研教学条件，形成以“多元”“四链”为主线的校企协同育人模式，促进教育资源、人力资源、产业资源和创新资源相互整合、相互促进，构建应用型人才培养体系，形成产教深度融合、“多元”命运共同体集聚集优同生共长、协作共赢的良好生态。

2017年，广东省大学生校外实践教学基地——广东万绿湖成果验收；2020年，“校中厂”转型升级成立“广东万绿湖研学中心”，开展研学辅导员的培养和社会实践，组

织 1+X 研学策划师考证；2021 年，挂牌成立“广东万绿湖研学旅行中心”校内生产性实训基地；2022 年，正式成立“河职院 · 万绿湖文旅产业学院”；2023 年，成立“河职院 · 万绿湖文创产业学院”，具体内容如表 4–1 所示。校企双方进行更加全面的合作，企业参与教学、管理和实习的全过程，学生参与营业部的实际运营和管理，形成并实施了教育链、产业链、创新链、人才链“四链协同”产教融合模式。

**表 4–1　产教融合成果一览表**

| 序号 | 时间 | 成果名称 | 负责人 | 授予部门 |
|---|---|---|---|---|
| 1 | 2017 年 | 广东省大学生实践教学基地——河源东源县万绿湖旅游发展有限公司旅游管理专业校外实践教学基地 | 杨红霞 | 广东省教育厅 |
| 2 | 2018 年 | 周捷航金牌导游工作室 | 周捷航 | 中华人民共和国文化和旅游部 |
| 3 | 2020 年 | 广东省旅游管理高水平专业群 | 俞彤 | 广东省教育厅 |
| 4 | 2020 年 | 广东万绿湖研学中心 | 张伟新 | 万绿湖风景区 |
| 5 | 2020 年 | 广东省第一批产教融合型企业建设培育项目 | 俞彤 | 广东社会发展和就业收入分配处 |
| 6 | 2022 年 | “广东万绿湖研学旅行中心”校内生产性实训基地 | 杨红霞 | 河源职业技术学院 |
| 7 | 2022 年 | “河职院 · 万绿湖文旅产业学院” | 杨红霞 | 河源职业技术学院、万绿湖风景区 |
| 8 | 2023 年 | “河职院 · 万绿湖文创产业学院” | 罗春娜 | 河源职业技术学院、万绿湖风景区 |
| 9 | 2023 年 | “河职院 · 万绿湖文旅产业学院”校级示范产业学院 | 杨红霞 | 河源职业技术学院 |
| 10 | 2024 年 | 校级典型生产实践项目——万绿湖实践项目 | 杨红霞 | 河源职业技术学院 |

2017—2024 年期间，双方在校企合作方面也获得了一系列的成果：包括校企联合开发在线培训包 2 门和在线开放课程 8 门（混合式教学改革课程）、课程思政示范课 5 门；在教改科研方面，联合申报国家级精品课程 1 门，获得立项；申报省、市、校各级课题 5 项；联合编写教材 3 部；校企共同开发专业人才培养方案，校企共同制定 2022 级、2023 级旅游管理专业人才培养方案；共同开发和完善《导游业务》《旅游服务礼仪》《旅游市场营销》《旅行社计调业务》等 4 门专业课程教学标准；校企共同开发三个岗位技能等级标准：河源职业技术学院 · 万绿湖（2020 级）顶岗实习标准，河源职业技术学院 · 万绿湖（2020 级）导师标准，2020 级导游、前台、投诉 3 个岗位技术标准；校企共同开发和完善《客家文化概论》《职业素养》《茶文化与茶艺》《导游词写作》《旅游英语口语》《旅游电子商务》《旅游服务心理学》《素菜制作工艺》等 10 余门专业课程。

# 第二节　“四链协同”产教融合模式典型案例

## 一、河源职业技术学院·万绿湖文旅产业学院

### （一）组织介绍

河源职业技术学院·万绿湖文旅产业学院成立于 2022 年 5 月 20 日，是河源职业技术学院工商管理学院旅游管理专业群延伸形成助推文旅产业转型升级、培养文旅产业急需人才的产业学院。河源职业技术学院·万绿湖文旅产业学院成立管理委员会，构建产业学院运行机制，开展订单人才培养、技术技能培训、技术研发、产品改进，实现产业经验和专业教育融合、社会实践与业务发展融合、产业发展与专项研究融合、人力资源与人才培养融合、品牌战略与社会形象融合。

图 4–3　河源职业技术学院·万绿湖文旅产业学院牌匾

1. 河职院·万绿湖文旅产业学院办学理念

学院以培养文旅产业“善创意、懂技术、会管理、知营销”的高素质应用型、复合型人才。遵循“面向行业、服务企业、促进就业”的原则，强调校企双元驱动、联动与互动，提出并实践形成以生态景区、工作室、工位课堂、创意工坊等多元的职场实态育人模式。构建学校引导、学院自主、行业企业支撑的三位一体保障体系。

学院倡导的“职场实态”人才培养模式，打造“知识扎实、技能过硬、专业对口”

的人才培养质量，实现“市场零距离、就业零障碍、上岗零适应”的人才培养目标，为推动区域经济和社会发展作出应有贡献。

### 2. 河职院・万绿湖文旅产业学院开设专业及规模

河源职业技术学院・万绿湖文旅产业学院目前开设有旅游（含旅行社、景区、研学等）、酒店（含民宿）、烹饪（含客家菜点）三个方向，现有全日制学生 884 人。

### 3. 河职院・万绿湖文旅产业学院师资队伍

河源职业技术学院・万绿湖文旅产业学院现有专任教师 22 名，是广东省优秀教师团队，企业兼职教师 15 名，由企业高管组成，并接收 TTT 内训师培训考核后上岗。行业精英相融合，专兼职相结合的高水平教师队伍，为培养高素质应用型高级技术人才提供了强有力的师资保证。

**表 4–2 师资荣誉一览表**

| 团队荣誉称号 | 数量 |
|---|---|
| ■ 广东省优秀教学团队 | 1 |
| **个人荣誉称号** | **人数** |
| ■ 南粤优秀教师 | 2 |
| ■ 国家旅游局“万名旅游英才”之“双师型”教师 | 6 |
| ■ 省高等学校“千百十工程”培养对象 | 3 |
| ■ 省优秀青年教师培养对象 | 1 |
| ■ 省技术创新能手 | 1 |
| ■ 省教育系统优秀共产党员 | 1 |
| ■ 省三八红旗手 | 1 |
| ■ 省高职院校高层次技能型兼职教师 | 1 |
| ■ 广东省旅游系统先进个人 | 1 |
| ■ 中国旅游教育杰出青年教师 | 1 |
| ■ 广东省金牌导游及旅游推广大使 | 1 |
| ■ 广东省技术能手 | 1 |
| ■ 河源市职工岗位技术能手 | 2 |

### 4. 河职院・万绿湖文旅产业学院实训条件

万绿湖文旅产业学院现已建成了一批设施先进、管理规范，集教学、培训、生产、科研等多项功能于一体的校内外实训基地，其中，万绿湖风景区是国家 5A 级旅游景区、广东省大学生校外实践教学基地。

（1）校内实训基地

依托产教融合背景，旅游管理专业群在校内建设有集 3D 模拟旅游实训室、酒吧实训室、茶艺实训室、礼仪实训室、客房实训室、智慧旅游实训室、烹饪实训室等于一体的实训中心，以及“校中厂”（校内生产性实训基地）——万绿湖旅行社大学城营业部、广东万绿湖研学旅行中心，校内实训基地达 12 个，建筑总面积约 3500 平方米。能满足专业群学生的校内实训，作为广东省旅游行业技能培训基地面向全省开展旅游技能培训，近 5 年培训达 11108 人次，为实践教学提供了良好的设备和场所。

（2）企业生产实训基地

广东万绿湖文化旅游投资有限公司目前总资产规模 3.4 亿元。文旅公司经营着华南第一湖——万绿湖风景区的核心资产，下辖万绿湖经管、万绿湖船舶制造、万绿湖旅游船艇、万绿湖旅行公司、万绿湖旅游码头、龙凤岛、万绿湖游客服务中心、万绿湖生态停车场等，业务围绕万绿湖资源，以多元化战略向旅游产业链条深度发展。为旅游、酒店和烹饪专业学生提供 VIP 接待、讲解、研学旅行、劳动教育、产品开发等的真岗实训。

图 4-4　2022 年产业学院成立仪式

## （二）建设目标和原则

### 1. 建设目标

以深度融合校企双方发展，共建共赢为目的。整合双方以及行业最优资源，共同建设。河源职业技术学院·万绿湖文旅产业学院，建立完善的管理运行机制和治理体系，构建多个特色鲜明的专业群：旅游管理专业群（含旅游管理专业、酒店管理与数字化运营专业、烹调工艺与营养专业）、工企管理专业群（含工商企业管理专业、市场营销管理专业、现代物流管理专业、现代物业管理专业、大数据与会计专业、财富管理专业、农村电子商务专业）、艺术设计学院的相关专业。创新全领域新型订单人才培养模式，产生一批引领职业教育改革的标准体系，建成集生产性实训基地、创业孵化基地、技术研发中心、协同创新中心等于一体的产学研合作平台，实现人才供给、技术技能培训、技术研发与推广、结构化团队构建、基地互设等的良性循环，使甲方的科研教学更专业化、多元化，并服务乙方迈向高端化、智能化。

河源职业技术学院·万绿湖文旅产业学院的建设总目标是为河源乃至粤港澳大湾区培养精技致用的旅游业精英，引领和推动旅游产业的发展，最终建设成为卓越型生态休闲度假人才培养高地、科学研究基地和产业发展智库。

分目标包含以下几个方面：

（1）形成卓越型生态休闲度假人才培养的“万绿湖模式”。

（2）建成高层次多功能教科研团队，成为区域旅游业研究智库。

（3）培养多规格的区域旅游适用型、卓越型人才。

（4）拓展旅游人才培养和科学研究的孵化基地。

（5）打造区域旅游产业精准服务基地。

2. 建设原则

河源职业技术学院·万绿湖文化产业学院是由甲、乙双方（甲方为河源职业技术学院，乙方为万绿湖风景区）共同探索的一个全新的校企合作模式，遵循如下原则，培养面向现代服务业的创新型、复合型高素质技术技能人才。

（1）坚持“多元、融合、开放、共享”的共建理念，通过多种形式开展全面合作，共同探索校企“双元育人”人才培养模式改革，培养创新型、复合型高素质技术技能人才。

（2）坚持“优势互补、资源共享、互惠双赢、共同发展”的共建原则，共同推进企业与学校的全面技术合作，形成专业、产业相互促进共同发展，努力实现“校企合作，产学共赢”。

### （三）建设内容和建设思路

1. 建设思路

（1）寻求政策支持并落地

校企行一体，产教结合的人才培养需要企业投入更多的人才培养管理成本、运营成本才能达到既定的人才培养目标，为减轻企业负担，校企行应及时解读相关政策，加强与各部门的沟通，争取更多的政府资源和资金参与到办学中来。

（2）推广万绿湖校企合作成功经验

截止到 2022 年，河职院与万绿湖长达 18 年的合作，已完成从节假日临时用工的 1.0 模式，到导师互通、资源互通、平台互通的 2.0 模式，直至现在的独立产业学院的 3.0 模式的逐步升级。为校企已积累整套可行有效的人才培养方案和激励机制，为企业培养更优秀的创新型人才打造了成功范本。

（3）加强校企合作、产教融合工作

共建协同创新中心，共建科研团队，深化拓展校企合作渠道，探索校企共建“高水平专业群产教融合实训基地”“产教融合型企业”，依托企业共建合作平台，开展综合型人才培养、创业孵化、研学产品研发与落地、文创科技攻关和横向课题研究，加快成果转化。进一步提高河职院 / 万绿湖的人才培养质量，助力河源文旅消费产业发展，助推乡镇城融合发展，助力乡村振兴。

2. 建设内容

（1）深化校企“双主体”育人，实现多元化办学。制定河源职业技术学院·万绿湖文旅产业学院工作机制，组建产业学院管委会，建立与现代企业制度相适应的制度与标准，实施专业化管理；逐步建立科学合理、责任清晰、利益共享的管理体系。

（2）甲方紧密对接乙方在文旅方面的产业优势和区域经济发展人才需求，精准设置专业，校企共建乙方急需的专业群，实现复合型技术技能人才的持续供给。

（3）开展万绿湖订单人才培养，将企业真实生产项目或典型生产案例引入校园，创设真实职业环境；校企共同制订人才培养方案，共同实施培养过程，重构课程体系。

（4）针对乙方生产过程的专业课程标准、教学标准和专业标准等进行全面调研，合作开发课程标准、教学标准、专业标准、产业技术技能标准及岗位规范，与行业企业共同实施启发式、合作式、项目式教学模式。

（5）对符合教育部升学条件的企业员工进行成人大专、本科函授学历继续教育，联合其他本科院校培养在职研究生。

（6）根据乙方生产岗位特征描述，岗位要求的知识水平和技能等级，共同制定培训标准、培训内容，实施景区一线相关全体员工的技能提升培训工程。

（7）双方共建协同创新中心，共建科研团队，加强科学研究和产品研发。探索校企人员双向聘用，双师双向交流，兼职兼酬制度；落实教师下企业实践制度；设立企业奖教金和科研基金，鼓励教师参与企业技术研发。

（8）深化拓展校企合作渠道，探索校企共建“高水平专业群产教融合实训基地”“产教融合型企业”，依托企业共建合作平台，开展技术改造、产品研发、科技攻关和横向课题研究，加快成果转化，不断提升河源市企业转型综改和产业升级能力。

（9）校企合作选拔出各技术的领头人物，建立大师工作室，以传帮带的方式，建成各行业的技术攻关团队，打造金字塔式的人才模式，发挥高技能人才在技术攻关、技术创新、技术交流、传授技艺和实现绝技绝活代际传承的积极作用，增强创业创新能力和核心竞争力。

### （四）制度建设

1. 明确组织架构和运行机制

（1）成立产业学院理事会

成立由校企行三方代表组成产业学院理事会，负责对产业学院办学中有关专业设置和专业建设、培养方案制订、课程建设、“双师双能型”教师队伍建设、行业企业专兼职教师选派、校内外实习实训基地建设等重大问题进行审议、决策、检查、指导、咨询、监督和协调。理事会每学期至少召开一次会议。

理 事 长：俞　彤（河源职业技术学院工商管理学院院长，副教授）

副理事长：周维国（河源市旅游景区协会会长、广东万绿湖文化旅游投资有限公司董事长）

张　颖（河源职业技术学院工商管理学院副院长）

杨春燕（河源市导游协会会长）

秘 书 长：曾惠华（工商管理学院校企合作办公室主任，讲师）

理　　事：杨红霞（工商管理学院旅游管理专业主任，副教授）

王凌晖（酒店管理与数字化运营专业主任，讲师）

杨锦冰（烹饪工艺与营养专业主任，客家菜师傅学院院长）

周　勇（广东万绿湖文化旅游投资有限公司，总经理）

周捷航（广东万绿湖文化旅游投资有限公司，导游服务中心经理）

古建新（广东万绿湖文化旅游投资有限公司，行政人事部经理）

（2）产业学院实行理事会领导下的双院长负责制

产业学院实行理事会领导下的双院长负责制，设院长 2 名，校企双方各派 1 名；副院长 2 名，校企双方各派 1 名。根据产业学院建设规划，下设旅游规划部、策划部、实践部、研学中心、导师发展中心和创新发展中心六个项目组，成员由校企双方人员组成，开展产业学院的人才培养、教学管理、师资队伍建设、技术研发等工作。

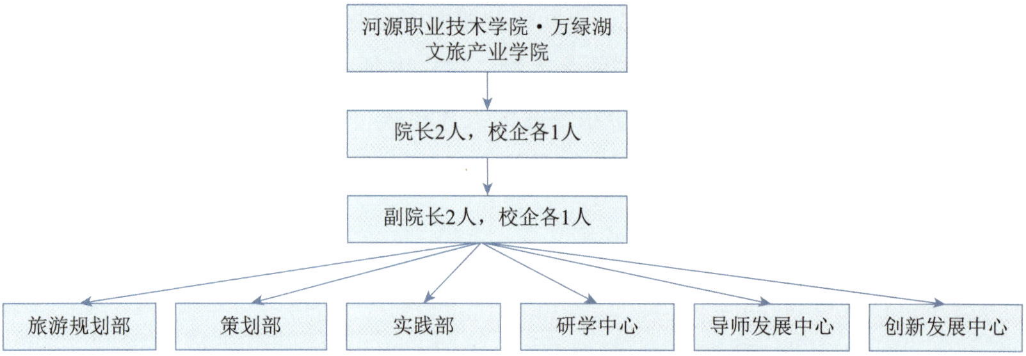


图 4-5　河源职业技术学院·万绿湖文旅产业学院组织架构图

①旅游规划部工作职责：负责万绿湖、苏家围等景点的局部规划、策划工作；依据规划相关法律法规、规划理论、行业动态，对旅游形成独特的认识，提出项目规划、策划思路，带领成员完成图件、文本等方案编制工作，并负责汇报。

②策划部工作职责：负责产业学院策划、活动、设计工作；积极推动学院的文化建设，增强学院的品牌凝聚力。

③实践部工作职责：根据企业生产运营规律和学校人才培养实际，共建校内生产性实训基地、校外实践教学基地，充分发挥双场地的作用开展真岗人才培养。

④研学中心工作职责：主要负责教育研学实践业务，包括课程开发、基地运营、研学实践人才培养、研学实践项目执行及研学实践平台建设。

⑤导师发展中心工作职责：构建企业、行业标准建设师资队伍，构建课程体系设置及课程内容重构导师队伍，构建专业课程教材（讲义）开发导师队伍，构建真实项目平台运行的企业培训导师队伍和校方参加平台运行培训的导师队伍；制定导师考核评价体系，开展职教能力测评和二级督导监督评价体系。

⑥创新发展中心工作职责：校企联合攻破技术难关、制定企业标准、申报课题、开展社会服务、创业孵化等。

2. 明确双方的责任和义务

（1）甲方的责任与义务

①成立研究团队，服务乙方的服务升级，助力乙方的自主创新能力提升，促进产业升级和高新技术服务产业走向中高端。

②根据乙方提出的技术服务项目和企业技术难题，积极组织力量进行研究开发、成果转化和技术攻关，支持企业技术创新。

③帮助乙方解决产业优化中的制约产业发展的关键技术、共性技术以及企业的管理问题，把甲方的技术成果优先提供给企业进行成果转化和产业化。

④协助企业做好企业所需人才的培养、技术咨询、技术培训和职业技能鉴定工作。

⑤根据企业的要求，派出有丰富经验的教师参与企业的技术工作。

⑥优先为乙方提供优秀的毕业生，推荐企业急需人才，配合乙方定向培养学生。

⑦甲方自行开发的科技成果，在同等条件下优先转让给乙方。

（2）乙方的责任与义务

①充分利用企业的优势和条件为甲方提供校外实训基地，并合作共建产学研结合示范基地，在不影响企业正常生产经营活动的情况下，为甲方学生的教学实践提供方便。

②为甲方提供研发课题的实际运用、现场技术、产业化成果转化的实践平台。

③优先接纳甲方毕业生进行实训和就业。

④接受甲方教师到企业一线实践，为甲方进行科学研究提供良好条件，合作完成科研任务。

⑤对甲方的专业群建设提出建设性意见。

⑥及时向甲方提供行业最新的动态和信息。

⑦视乙方的具体情况和甲方的要求，推荐经验丰富的技术人员和管理骨干为甲方的兼职教师。

⑧根据乙方产业的发展方向、人才类型需求，在甲方建设实训（验）室。

## （五）建设计划

河源职业技术学院·万绿湖文化产业学院自成立以来，制定了详细的建设计划，并严格按照建设计划开展工作，并取得了一系列的成果。具体内容如表 4-3 所示：

**表 4-3　河源职业技术学院·万绿湖文化产业学院建设计划**

| 序号 | 建设内容 | | 年度目标 | | |
|---|---|---|---|---|---|
| | | | 2023 年 | 2024 年 | 2025 年 |
| 1 | 管理体制机制 | 1. 建立理事会治理模式 | 完善产业学院各项规章制度，形成新型战略伙伴关系 | 成立产业学院企业工作室、创新工坊，开展企业实践项目 | 产业学院运行实践效果评估报告，双主体协同育人实效评价 |
| | | 2. 自我诊断与改进机制建设 | 1. 总结上一年专业群诊改经验，诊改运作效率，完成专业群诊断小循环 1 次<br>2. 实施第三方评价 | 在总结前两年产业学院建设和诊改经验的基础上，开展 1 次专业群诊改大循环，重构产业学院人才培养系统设计，使行业企业反馈评价机制和教学体系对接 | 完善专业层面诊断与改进工作数据工作，推进该项工作的常态化，构建较为完善的专业群内控体系方案 1 套 |

续表

| 序号 | 建设内容 | | | 年度目标 | | |
|---|---|---|---|---|---|---|
| | | | | 2023年 | 2024年 | 2025年 |
| 2 | 高水平专业建设 | 人才培养模式创新 | 1. 人才培养模式创新与实践 | 省级教研教改课题1项 | 省级教研教改课题1项 | 人才培养模式研究专著1部 |
| | | | 2. 现代学徒制和订单班 | 学徒制、订单班过程实施；中期总结反馈；开设鸿客订单班 | 订单班过程实施；总结反馈 | 旅游管理专业群现代学徒制和订单班研讨会，培养总结报告 |
| | | | 3. 专业群人才培养方案 | 1. 专业指导委员会论证人才培养落实情况<br>2. 调整人才培养方案 | 1. 专业群人才培养方案实施效果评估<br>2. 企业调研培养成效 | 1. 专业群人才培养方案调研报告1份<br>2. 制定人才培养方案 |
| | | | 4. “德技并修”人才职业素质养成体系 | 1. 打造“德技并修、服务精神”的专业文化<br>2. 开展淑女课堂等职业素养提升系列活动5场<br>3. 参加国家与省职业技能大赛 | 1. 开展志愿者活动、社团活动等职业素养提升系列活动8场<br>2. 参加国家与省职业技能大赛 | 1. 开展大益爱心茶社、职业素养提升系列活动10场<br>2. 参加国家与省职业技能大赛 |
| | | 课程教学资源建设 | 1. “1+X”证书试点与课程体系建设 | 1. 成立旅游类“1+X”证书试点<br>2. 校企共同开发“客房服务与管理”专业课程教学标准、实习标准2个 | 1. 实施旅游类“1+X”证书试认定工作<br>2. 专业群课程体系总结与整改报告<br>3. 校企共同开发专业课程教学标准2个 | 1. 专业群课程体系评估与升级<br>2. 校企共同开发专业课程教学标准、实训标准2个 |
| | | | 2. 精品在线开放课程 | 1. 精品在线开放课程总结与反思<br>2. 建设省级在线开放课程1门 | 建设省级在线开放课程1门 | 1. 精品在线开放课程实际应用情况分析与总结<br>2. 课程推广 |
| | | | 3. 数字化教学资源库 | 专业群教学资源库建设申报 | 运行、完善已建资源库 | 建成优质、高效、开放共享的专业群教学资源库 |
| | | 教材与教法改革 | 1. 教材建设 | 1. 工作手册式教材1部<br>2. 活页式教材1部，富媒体教材1部 | 1. 活页式教材1部<br>2. 富媒体教材1部 | 出版富媒体教材1部，其中规划教材1部 |
| | | | 2. 教法改革 | 1. 发表教研论文3篇<br>2. 建设1门高水平的金课；线上线下混合式课程1门<br>3. 参加省级教学能力比赛 | 1. 立项省级教改课题1项，发表教研论文3篇<br>2. 建设1门金课 | 1. 立项省级教研课题1项，发表教研论文2篇<br>2. 建设1门金课 |

续表

| 序号 | 建设内容 | | 年度目标 | | |
|---|---|---|---|---|---|
| | | | 2023 年 | 2024 年 | 2025 年 |
| 3 | 打造高素质『双师型』教师队伍 | 1. 教学创新团队 | 1. 打造和完善企业教师团队<br>2. 培育青年专业群带头人 1 人 | 1. 省级高层次技能型兼职教师 1 人（备）<br>2. 培育青年骨干教师 2 人，教师名师 1 人 | 1. 新增行业大师 1 名<br>2. 省级高层次技能型兼职教师 1 人 |
| | | 2. 培养手段与成果 | 1. 科研获奖 2 人次<br>2. 开展国际访学交流 4 人次<br>3. 教学比赛 1 人次，四大检索或核心论文 1 篇 | 1. 开展国际访学交流 10 人次<br>2. 教学比赛 1 人次<br>3. 发表四大检索或核心论文 1 篇 | 1. 开展国际访学交流 5 人次<br>2. 教学比赛 1 人次，科研获奖 1 人次<br>3. 发表四大检索或核心论文 1 篇 |
| 4 | 共建实习实训和创新创业教育基地 | 1. 校内实训室建设 | 1. 扩建茶艺实训室<br>2. 扩建客房实训室<br>3. 购买人力资源管理软件 | 1. 购买火眼金睛消防模拟软件、Opra 软件<br>2. 扩建中西餐实训室<br>3. 新建旅游综合实训室 | 1. 扩建数字化旅游综合实训室<br>2. 扩建酒吧实训室<br>3. 扩建烹饪综合实训室 |
| | | 2. 校外实训基地 | 1. 质量监控、评价和反馈体系<br>2. 省大学生校外实践教学基地 | 1. 与鸿客开展订单班<br>2. 完善“产学研训创”一体化发展的产教融合机制 | 质量监控、评价和反馈体系 |
| | | 3. 创新创业教育与实践 | 指导学生参加挑战杯和创新创业大赛 | 省大学生创新创业训练计划项目 1–2 | 获得省级攀登计划项目 1 项 |
| 5 | 搭建产学研服务平台及社会服务 | 1. 平台建设，提供培训与技能鉴定服务 | 1. 服务平台的实施效果评估<br>2. 完成社会培训或技能鉴定 3 项，1000 人次 | 1. 服务平台的项目运营以及人才培养方式<br>2. 完成社会培训或技能鉴定 4 项，1200 人次 | 1. 依托平台科研成果总结<br>2. 完成社会培训或技能鉴定 3 项，1500 人次 |
| | | 2. 建设创新服务团队开展技术服务 | 1. 创新服务团队服务能力提升计划<br>2. 开展技术服务项目 3 项以上<br>3. 立项市级以上科研课题 2 项<br>4. 实现技术服务收入 20 万元以上 | 1. 创新服务团队服务能力提升项目<br>2. 开展技术服务项目 4 项以上<br>3. 立项市级以上科研课题 2 项<br>4. 实现技术服务收入 20 万元以上 | 1. 创新服务团队服务能力评价<br>2. 出版专著 1 部<br>3. 开展技术服务项目 2 项以上<br>4. 立项市级以上科研课题 2 项<br>5. 实现技术服务收入 20 万元以上 |

### （六）运行情况

1. 为万绿湖培养践行乡镇城融合发展的乡村振兴创新人才

经校企双方精准育人，学生在万绿湖风景区的总体表现良好，品德正、上手快、业务强，成为导游部等各业务板块的业务骨干和储备干部。

2. 共同举办导游词创作大赛和导游大赛

（1）2022—2023 学年“万绿湖杯”导游词创作大赛

图 4-6　2022—2023 学年“万绿湖杯”导游词创作大赛

依托河源职业技术学院·万绿湖文化产业学院，2022 年 9 月举办了第一届河源职业技术学院工商管理学院 2022—2023 学年“万绿湖杯”导游词创作大赛。活动主题为“万绿山水色，你我两相和”。本次大赛在校企双方的共同协作下完成，吸引了旅游管理专业群以及学校其他专业同学的广泛参与。

“万绿湖杯”导游词创作大赛的意义不仅在于选拔优秀的导游人才，提高导游队伍的整体素质，促进学生之间的学习交流，激发学生对于导游工作的热情和创新能力，推动旅游行业的发展，同时，“万绿湖杯”导游词创作大赛也有利于加深学生对于行业的了解，提升自身的专业素养、实践能力，对于学生和景区都具有重要的实践意义。

2022—2023 学年“万绿湖杯”导游词创作大赛分为初赛和决赛两个部分。初赛是撰写以万绿湖为主题的导游词，篇幅在 1500 字左右。决赛围绕大赛主题以现场出镜讲解视频形式参赛。要求参赛选手自行前往万绿湖风景区取景拍摄，视频时长要求在 5 分钟左右，须全脸出镜（游客多的情况下可戴口罩），出镜时长不少于两分钟；视频格式为高清 MP4，宽高比为 16∶9，分辨率为 1920×1080，需全程加配字幕，要求字幕清晰，准确无误，片头须有讲解人介绍。

在奖项设置上，得益于广东万绿湖风景区的大力支持，设置了一系列的比赛奖项：一等奖（1 人）、二等奖（3 人）、三等奖（6 人）。具体奖品设置如下：一等奖：荣誉证书，万绿湖文化丛书、桃花水母音乐盒、家庭套票、万绿湖邮票、风光明信片；二等奖：荣誉证书，纪念礼盒、家庭套票、风光明信片；三等奖：荣誉证书，万绿湖邮票、家庭套票、风光明信片；优秀奖：荣誉证书，风光明信片。

（2）校园导游风采大赛

为了展示河源职业技术学院在校生的风采，培养学生的职业素质，锻炼旅游服务技能，提高知识应用能力；更为了发掘旅游人才、激励求知精神，河源职业技术学院工商管理学院旅游管理专业每年都会举办校园导游风采大赛，为学生提供导游风采展示的平台，也为大学生丰富校园文化生活提供一个全新的舞台。校园导游风采大赛每年 5 月到 6 月举行，分为初赛、复赛、决赛三个部分进行。至今为止已经成功举办了 14 届。导游精英部的成员每年都是举办导游风采大赛的中坚力量。

图 4–7　2018 年第十届校园导游风采大赛

万绿湖风景区作为校企合作企业，已经连续多届资助并参与校园导游风采大赛。例如，2018 年，万绿湖总经理周维国担任导游风采大赛评委，并指导学生导游讲解训练。通过学校主办、企业参与的方式举办校园导游风采大赛，不仅可以提升学生的专业技能和就业竞争力，还促进了学校与企业之间的交流与合作。

这对于促进校企合作、推进产教融合均具有重要的作用。一方面，导游风采大赛的举办使企业可以通过大赛发现和选拔优秀人才，同时学校也能通过与企业合作，为学生提供更多的实践机会和就业资源，进而提升教学质量和学生的实践能力。通过举办大赛，学校与企业之间建立了更紧密的联系，有助于形成长期的合作关系。另一方面，还可以推动产教融合。大赛是产教融合的具体体现，通过比赛的形式，将企业的实际需求与学校的教育教学相结合，实现资源共享、优势互补，推动教育教学改革和产业发展。

3. 校企合作完成教学任务，建设线上线下教学资源

校企联合开发在线培训包2门和在线开放课程8门（混合式教学改革课程）、课程思政示范课5门。

4. 联合申报教改科研成果显著

在教改科研方面，联合申报国家级精品课程1门，获得立项；申报省、市、校各级课题5项；联合编写教材3部。

5. 其他成果

（1）校企共同开发专业人才培养方案

校企共同制定2022级、2023级、2024级旅游管理专业人才培养方案。校企双方为了构建和完善学校和企业之间良好的互利共赢长效稳定合作育人模式，推动产教融合建设，分别合作共同制定了2022级、2023级、2024级旅游管理专业人才培养方案，有效弥补了学校单方面制定人才方面的不足。

（2）校企共同开发教学标准

共同开发和完善《导游业务》《旅游服务礼仪》《旅游市场营销》《旅行社计调业务》等4门专业课程教学标准。

（3）校企共同开发岗位技能等级标准

①河源职业技术学院·万绿湖（2020级）顶岗实习标准。

②河源职业技术学院·万绿湖（2020级）导师标准。

③ 2020级导游、前台、投诉3个岗位技术标准。

（4）校企共同开发课程

共同开发和完善《客家文化概论》《职业素养》《茶文化与茶艺》《导游词写作》《旅游英语口语》《旅游电子商务》《旅游服务心理学》《素菜制作工艺》等10门课。

## 二、“校中厂”广东万绿湖研学旅行中心校企合作协议

### （一）组织结构介绍

2020年10月，广东万绿湖研学旅行中心在原“校中厂”万绿湖旅行社大学城营

业部的基础上建设成校内生产性实训基地——广东万绿湖研学旅行中心。研学旅行中心依托万绿湖旅行社大学城营业部，为非独立法人机构，广东万绿湖旅行社法人代表为研学中心法人代表。广东万绿湖旅行社对研学中心实行统一管理，即统一管理形象、财务、招徕和接待等。研学旅行中心的职责主要是运用自身研学旅行业务运营，为旅游管理专业群学生提供真实的专业实习实训机会，负责学生专业技能训练和提升。

图 4-8　2021 年“广东万绿湖研学旅行中心校内生产性实训基地”牌匾

### （二）合作内容及方式

为培养更多具有良好专业知识、实际操作技能和职业态度的高素质、高技能的应用型研学旅行人才，广东万绿湖旅行社接收河源职业技术学院派遣学生进行相关专业的实习、实训，并针对具体状况对实习生进行培训和指导。河源职业技术学院应向广东万绿湖旅行社推荐顶岗实习生或毕业生。

研学旅行中心人员构成、职责以及薪酬研学旅行中心主要由甲方派遣的教师、乙方派出的负责人以及顶岗实习生组成。

1. 研学中心甲方负责人（校方派遣老师）

（1）人员定编：1 人。

（2）工作权限和职责：对中心经营管理工作的建议权；与中心其他工作人员共同负责研学旅行经营性工作；负责在研学旅行中心的学生实习实训指导工作。

2. 研学中心乙方负责人（企业方派遣管理人员）

（1）人员定编：1 人。

（2）工作权限和职责：负责研学中心的经营工作；负责对学生进行专业实习、实训指导；参与专业建设和专业教学工作；为学生提供每学年不低于150人/次的见习或实习机会，为全体旅游管理专业及专业群学生开展讲座每年不低于2次，完成1门课/学年的教学或实训工作；负责乙方指定的其他工作。

（3）岗位工资：工资、福利由河源职业技术学院负责发放。

（4）人员更换：须校企双方协商一致后，才能变更研学中心负责人。

3. 实习学生（专门派驻研学中心的实习生或兼职生）

（1）人员定编：2人，视研学中心业务需求安排脱产实习生。

（2）工作权限和职责：完成研学中心双方负责人指派的工作。

（3）实习补助：由研学中心根据具体工作量给予补助。

4. 实训学生

（1）人员定编：无定编人员，根据研学中心业务需要。

（2）工作权限和职责：完成研学中心双方负责人指派的实训工作任务。

（3）实训补助：实训活动原则上不提供经济补助，视具体情况而定。

### （三）双方的责任与义务

1. 甲方的权利和义务

（1）甲方在校园内提供专用办公场所，并保证把办公场所纳入校内日常安全管理和物业管理的范围。

（2）研学中心固定资产归甲方所有，甲方应保证办公资产的完整性，定期作为实训设备给予相应的维护，甲方根据学校相关政策，把研学中心作为生产性实习基地纳入管理范围，并协助研学中心就业务往来、办公设施和搬迁等问题与学校各部门沟通。如果需要搬迁，则甲方负责就搬迁和筹建问题与学校交涉，保证不影响中心的过渡和正常营业，搬迁和筹建费用由甲方统一负责。

（3）甲方可根据教学计划，与乙方制定方案，安排学生到研学中心进行顶岗实习、实训，属于模拟实训的，均不产生工资费用，属于生产性实训的，乙方需根据工作量给予一定的补助。

（4）甲方有权要求乙方提供兼职教师进行专业课程教学工作，原则上研学中心负责人需完成至少1门课程/学年教学或实训工作量，甲方按照学校文件为兼课教师发放课酬。

（5）甲方需对在研学中心实习实训的学生在思想品德和专业理论等方面进行指导，对于乙方提出的有关学生在研学中心实习实训过程存在的问题，予以配合解决。

（6）甲方需对研学中心在校内的宣传、纳新等活动提供便利。

（7）甲方承诺在协议有效期内，不得向其他法人、自然人透露乙方保密信息，包括且不限于经营方法、管理模式、操作规则、商业计划、产品构思、财务情况等，否则甲方应对由此给乙方造成的损失进行赔偿。

（8）协议有效期间，甲方不得把研学中心场地和资产租借给其他个人或单位从事研学旅行、旅游等业务。

（9）甲方根据实际需要，有义务向乙方推荐毕业生或实习生到乙方就业、实习。

2. 乙方的权利和义务

（1）乙方负责向县市旅游或教育主管部门办理营业部（研学中心）年检等相关行政手续。

（2）经协商一致后，乙方派遣专人负责研学旅行中心业务，负责学生实习实训、专业建设、课程教学等工作，为学生创造良好的实践条件，同时乙方配合甲方派遣专人前往总部挂职锻炼、进行业务学习等工作。

（3）乙方具体负责研学中心的业务运营，所产生的运营成本均纳入研学中心运营成本之中，由乙方统一结算。

（4）经双方协商一致后，乙方有权向研学中心派出负责人和工作人员，人力成本纳入研学中心运营成本之中，由乙方负责结算。

（5）乙方对研学中心进行统一财务核算及管理，乙方统一支付研学中心业务往来款项。

（6）对于研学中心具体业务开展中出现的安全问题由乙方负责。

（7）乙方就实际情况接收甲方派遣的毕业生和实习生。

### （四）研学中心运行情况及学生实习实践活动

1. 开展研学指导师的培养和社会实践

自 2020 年 10 月广东万绿湖研学旅行中心成立起，研学中心负责人积极组织中小学生研学活动，吸纳旅游管理专业学生作为助理研学导师进行实践锻炼。2020 年共组织 3000 名中小学生研学活动，2021 组织 9800 名中小学生参与研学活动，2022 年由于新冠疫情管控较为严格，全年共组织 6000 名中小学生开展研学活动。

同时，广东万绿湖研学旅行中心负责人张淑娟积极带领旅游管理专业参与各项企业实践，开展对学生研学旅行指导师技能的培养。包括组织学生到万绿湖进行踩点，参与万绿湖研学旅行课程以及其他主体的研学旅行设计，提升学生的研学旅行指导师技能；组织旅游管理专业学生作为助理研学导师参加研学团，进行研学课程的操作，锻炼学生的动手实践能力。广东万绿湖研学旅行中心作为校内实训基地，自成立以来，积极协助旅游管理专业进行学生培养、学生实习实训、专业建设以及参与课程教学等各项工作，为学生创造了良好的实践条件。

图 4-9　广东万绿湖研学旅行中心学生参与带团活动

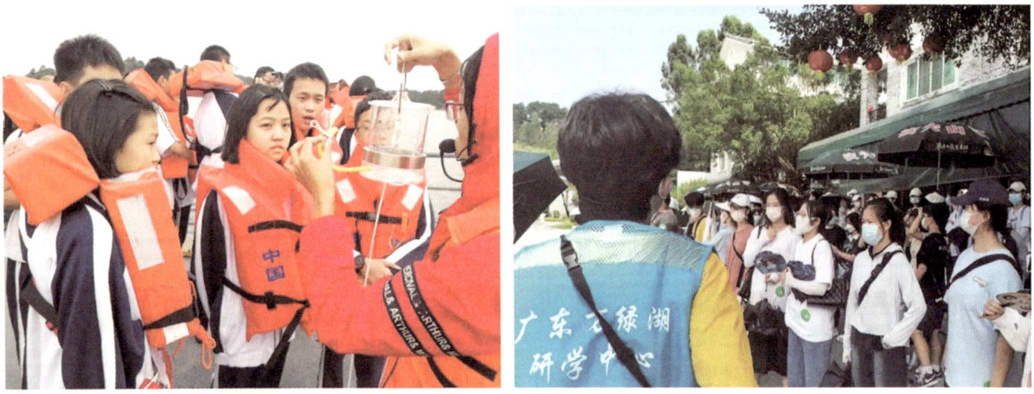


图 4-10　广东万绿湖研学旅行中心学生参与社会实践活动

图 4-11　广东万绿湖研学旅行中心学生参与社会实践活动

2. 组织 1+X 研学旅行策划师考证

为了积极响应并深入实施国家颁布的《关于加速推进 1+X 证书制度试点工作的指导性意见》，确保职业技能等级认证体系的全面落地，河职院旅游管理专业从 2019 年开始就积极组织学生参加“1+X”研学旅行策划与管理职业技能等级证书考试。至今共组织了 6 年时间。每年学生考证规模在 50~90 人，至今共有 450 余位同学参加了“1+X”研学旅行策划与管理职业技能等级证书考试。

依托于万绿湖研学旅行中心，河职院旅游管理专业积极推动“1+X”证书制度与专业课程的融合，通过校企合作、实训教学等方式提升学生的实践能力。旅游管理专业联合万绿湖研学旅行中心积极开展 1+X 研学旅行策划等级证书的考前培训工作，为考证学生提供研学带团机会，并进行实操演练。

在备考期间，研学中心的企业导师和专业教师组织多轮考前培训与模拟展示。在专业教师和企业导师的双重指导下，学生们系统学习研学旅行理论知识，反复练习实操技能。在考场上展现出了卓越的专业素养。通过总结历年考试数据，发现 1+X 研学旅行策划等级证书的考试通过率在 99% 以上。这不仅有效地提高了学生的技能水平，也是校企合作育人的重要体现。

图 4-12　广东万绿湖研学旅行中心学生参与社会实践活动

图 4-13　2021 年研学旅行中心组织 1+X 考证学生实地考察

## 三、河源职业技术学院 · 万绿湖文创产业学院

### （一）组织介绍

河源职业技术学院 · 万绿湖文创产业学院由河源职业技术学院与广东万绿湖文化旅游投资有限公司（甲方为河源职业技术学院，乙方为广东万绿湖文化旅游投资有限公司）共建，旨在于满足河源文创产业转型升级需求，探求校企合作的新模式，搭建学生实训实习平台，引入优质教学项目和资源，提高学生的综合职业素质，建设成为集人才培养、创新孵化、技术服务、社会培训于一体的特色产业学院。目前该学院由河源职业技术学院罗春娜院长作为团队领头人，团队共有科研人员 18 名。在同类型科研平台中，河职院 · 万绿湖文创产业学院围绕城市伴手礼、城市图标、景点地标、客家非遗产品创新与孵化等方面，研发了万绿湖风景区的文创产品、万绿湖地标、墩头蓝服饰等多项技术成果。

### （二）制度建设

1. 明确组织架构和运行机制

（1）相关人员设置

产业学院院长：

罗春娜（人文艺术学院院长）

周维国（东源县国有资产投资集团有限公司副总经理）

副院长：

王方（人文艺术学院副院长）

（2）管理团队

张振（人文艺术学院办公室主任）

高晓杰（人文艺术学院校企办主任）

顾问：

王效杰（深圳职业技术大学教授）

（3）研发及推广团队

成员：

胡叶娟：服装与服饰设计专业主任

李月新：园林技术专业主任

朱一赵：艺术设计专业主任

贺扬眉：环境艺术设计专业主任

薛彧：动漫设计专业主任

谢璟：新闻采编与制作专业主任

罗丽丽：现代文秘专业主任

池潇潇：商务英语专业主任

袁娜：新闻采编与制作专业教师

朱思思：新闻采编与制作专业教师

唐云鹏：新闻采编与制作专业教师

陈佳娜：艺术设计专业教师

2. 组织机构职责

项目领导小组：负责项目整体策划、决策和监督，由河源职业技术学院人文艺术学院院长担任组长，各相关部门负责人担任成员。

项目管理团队：负责项目日常运作和管理，包括项目经理、技术专家、市场推广人员、财务人员等。

项目研发团队：负责具体的项目研发工作，包括创新创业团队、文旅创新项目研发团队、文创产品研发团队、文创（非遗）人才培育培训团队等。

项目推广团队：负责项目的宣传推广工作，包括乡村文旅项目、文创产品、非物质文化遗产等方面的宣传和推广。

3. 明确双方的责任和义务

甲方的权利和义务：

（1）成立研究团队，服务乙方的服务升级，助力乙方的自主创新能力提升，促进产业升级和高新技术服务产业走向中高端。

（2）根据乙方提出的技术服务项目和企业技术难题，积极组织力量进行研究开发、成果转化和技术攻关，支持企业技术创新。

（3）帮助乙方解决产业优化中的制约产业发展的关键技术、共性技术以及企业的管理问题，把甲方的技术成果优先提供给企业进行成果转化和产业化。

（4）协助企业做好企业所需人才的培养、技术咨询、技师培训和职业技能评定工作。

（5）根据企业的要求，派出有丰富经验的教师参与企业的技术工作。

（6）优先为乙方提供优秀的毕业生、推荐企业急需人才，配合乙方定向培养学生。

（7）甲方自行开发的科技成果，在同等条件下优先转让给乙方。

乙方的权利和义务：

（1）充分利用企业的优势和条件为甲方提供校外实训基地，并合作共建产学研结合示范基地，在不影响企业正常生产经营活动的情况下，为甲方学生的教学实践提供方便。

（2）为甲方提供研发课题的实际运用、现场技术、产业化成果转化的实践平台。

（3）优先接纳甲方毕业生进行实训和就业。

（4）接受甲方教师到企业一线实践，为甲方进行科学研究提供良好条件，合作完成科研任务。

（5）对甲方的专业群建设提出建设性意见。

（6）及时向甲方提供行业最新的动态和信息。

（7）视乙方的具体情况和甲方的要求，推荐经验丰富的技术人员和管理骨干为甲方的兼职教师。

（8）根据乙方产业发展方向、人才类型需求，在甲方建设实训（验）室。

## （三）建设目标

以深度融合校企双方发展、共建共赢为目的。整合双方以及行业最优资源，通过共同建设河源职业技术学院·万绿湖文创产业学院，建立完善的管理运行机制和治理体系，构建特色鲜明的文化创意与设计专业群，包括设计类专业群（含服装与服饰设计专业、动漫专业、园林技术专业、艺术设计专业、环境艺术设计专业）和人文类专业群（含现代文秘专业、新闻采访与制作专业、商务英语专业），可充分融合我校优质资源，与机电工程学院、工商管理学院等学院的相关专业，创新全领域新型订单人才培养模式，产生一批引领职业教育改革的标准体系，建成集文化创意设计与研发、非遗产品活化、产品技术研发中心、创业孵化基地、协同创新中心、新产品生产与销售平台等于一体的产学研合作平台，实现产品创意设计、产品研发生产、产品销售、人才供给、技术技能培训、技术研发与推广、结构化团队构建、基地建设等的良性循环，使甲方的科研教学更加专业化、多元化，并服务乙方迈向高端化、智能化。

**（四）建设内容**

1. 深化校企“双主体”育人，实现多元化办学。制定河源职业技术学院·万绿湖文创产业学院工作机制，组建产业学院管委会，建立与现代企业制度相适应的制度与标准，实施专业化管理；逐步建立科学合理、责任清晰、利益共享的管理体系。

2. 甲方紧密对接乙方在文旅方面的产业优势，及对文化创意、非遗活化等领域发展人才的需求，精准设置专业，校企共建乙方急需的专业群，实现复合型技术技能人才的持续供给。

3. 开展万绿湖订单班、现代学徒制人才培养，将企业真实生产项目或典型生产案例引入校园，创设真实职业环境；校企共同制定人才培养方案，共同实施培养过程，重构课程体系。

4. 针对乙方生产过程的专业课程标准、教学标准和专业标准等进行全面调研，合作开发课程标准、教学标准、专业标准、产业技术技能标准及岗位规范，与行业企业共同实施启发式、合作式、项目式教学模式。

5. 对符合教育部升学条件的企业员工进行成人大专、本科函授学历继续教育，条件成熟时，联合其他本科院校培养在职研究生。

6. 根据乙方生产岗位特征描述、岗位要求的知识水平和技能等级，共同制定培训标准、培训内容，实施景区一线相关全体员工的技能提升培训工程。

7. 双方共建文化产品创意研发中心和非遗活化研发中心，共建科研团队，加强科学研究和产品研发。探索校企人员双向聘用，双师双向交流，兼职兼酬制度；落实教师下企业实践制度；设立企业奖教金和科研基金，鼓励教师参与企业技术研发。

8. 深化拓展校企合作渠道，探索校企共建“高水平专业群产教融合实训基地”“产教融合型企业”，依托企业共建合作平台，开展文化创意研发，非遗活化、产品研发，科技攻关和横向课题研究，加快成果转化，不断提升河源市企业转型综合改革和产业升级能力。

9.校企合作选拔出各技术的领头人物，建立大师工作室，以传帮带的方式，建成各行业的技术攻关团队，打造金字塔式的人才模式，发挥高技能人才在技术攻关、技术创新、技术交流、传授技艺和实现绝技绝活代际传承的积极作用，增强创业创新能力和核心竞争力。

### （五）运行情况

1.人文艺术学院非遗进景区活动暨2024届服装与服饰设计专业毕业作品动态展

2024年6月，人文艺术学院积极与万绿湖合作，在河源职业技术学院·万绿湖文创产业学院的基础上，共同举办河源市文化和自然遗产日系列活动之非遗主题设计展暨2024届毕业设计作品展。本次动态展以“梦织”为主题，由河源职业技术学院、广东万绿湖文化旅游投资有限公司主办，人文艺术学院、河职院·万绿湖文创产业学院承办，涵盖了创意时装设计、传统服饰创新设计、礼服3大类20个系列的100余套作品。这些服饰作品汲取了中华传统非物质文化遗产元素，有花朝戏、猫头狮、畲族服饰、客家服饰的元素应用，更有刺绣、蜡染、剪纸等非遗技艺的传承，设计师们将传统工艺与现代设计巧妙结合、将非遗传承与创新完美融合，每一款服饰都仿佛在诉说着一段古老而传奇的故事，让人仿佛穿越时空，回到了那段充满韵味的历史长河。

本次毕业设计作品旨在通过学生对客家非物质文化遗产的挖掘、创新及创意设计，展现对河源地区客家非物质文化遗产的尊重与保护，同时探索如何将客家传统非物质文化遗产与现代设计理念充分融合，赓续客家文化的历史文脉。这对于学校和景区都具有重要的意义。具体而言：对学校来说，这次毕业设计作品展也是学院实施客家文化探源工程的重要成果以及近年来专业教学水平的集中体现。通过设计作品展，检验学院各个专业的教学水平及学院的人才培养质量，进一步优化课程设置、加强师资队伍建设、推动学科交叉融合、促进校企协同育人、推动学院高质量发展。

对万绿湖风景区来说，此次毕业设计展深化了校企合作、产教融合，非物质文化遗产与旅游产业的结合为景区注入了新鲜血液。万绿湖风景区通过毕业设计服装秀等活动，深化了校企合作、产教融合，加强了人才培养，同时也为“非遗”进景区注入了新鲜血液，助力“非遗”文旅发展，为景区的旅游体验增加了深度和广度。此外，非遗毕业设计展在万绿湖的走秀活动，形式和内容都非常创新，这种传统与现代的结合，不仅吸引了大量游客，让游客在欣赏美景的同时，也能享受到丰富多彩的非物质文化遗产大餐，同时也促进了传统文化的传承和创新，增加了景区的吸引力和竞争力，为景区发展提供了新的思路和方向，为景区的文旅发展注入了新的动力。

图 4-14　河源市文化和自然遗产日系列活动之非遗主题设计展暨 2024 届毕业设计作品

图 4-15　万绿湖毕业设计动态展

2. 广东省“粤东粤西粤北地区人才发展帮扶计划”（扬帆计划）

（1）项目简介

河源职业技术学院·万绿湖文创产业学院平台项目依托河职院·万绿湖文创产业学院，由高层次人才组建科研团队，合作申报了2024年广东省“粤东粤西粤北地区人才发展帮扶计划”，获得省级人口发展战略专项资金。

广东省“粤东粤西粤北地区人才发展帮扶计划”也称“扬帆计划”，即粤东、粤西、粤北地区人才发展帮扶计划，由广东省委组织部、省财政厅牵头，联合省科技厅、省人力资源和社会保障厅组织实施，旨在帮助粤东、粤西、粤北地区突破人才短缺的“软瓶颈”，大力推动粤东、粤西、粤北地区振兴发展。该计划面向粤东、粤西、粤北实施竞争性扶持市县重点人才工程、引进创新创业团队、引进紧缺拔尖人才、培养高层次人才等8个项目，积极引导人才向经济欠发达地区流动。

“河职院·万绿湖文创产业学院非遗文化传承平台”项目，旨在通过引进相关专业人才，构建一支具有创新能力和实践能力的文创产业人才队伍，为河职院·万绿湖文创产业学院的学科发展和人才培养提供强有力的人才支持，有利于提升河职院·万绿湖文创产业学院的人才培养能力，推进产业科技成果转化，为河源市的社会及经济发展打下坚实基础。

具体项目实施内容主要包括引进培养掌握核心技术、即将产业化和市场前景好的创新创业团队1个，引进培养创业和企业管理人才7个，20个技能型人才（非遗传承人），培养产业人才数量300个，推进产业科技成果转化（有效益）1个，新增重点产业关键核心技术专业授权情况（有价值专利）2个，非物质遗产文化传承中心1个，辅助重点产业企业及产值增长情况10%。

河职院·万绿湖文创产业学院非遗文化传承平台项目的目的在于通过创新创业团队的组建、非遗传承人及产业人才的培养、学院专利与成果的转化应用等方式，实现客家文化的传承与创新。项目将依托客家文化的丰富资源，结合现代创新理念，推动非物质文化遗产的保护与发展，满足旅游业对相关人才的需求，促进区域经济和文化的全面发展。该平台项目的实施，能够为河职院·万绿湖文创产业学院引进相应专业人才，完善人才结构，为学院的学科发展和人才培养提供强有力的人才支持，推进产业科技成果转化，为培养社会主义创新人才打下坚实的基础。

（2）项目资金

项目拟申请2024年省级人才发展战略专项资金420.4万元。项目资金使用渠道主要用于培养、培训紧缺急需人才，支持相关平台载体引才育才，开展跨区域人才合作、支持人才和团队创新、人才生活补贴、构建人才综合服务保障体系、奖励表彰优秀人才、组织实施项目所需工作经费以及人才发展其他所需工作经费。

目前项目已经获批第一批专项资金 80 万元。后续校企双方将继续推进平台项目的进行。

## 第三节 "四链协同"产教融合模式过程材料及合作成果

### 一、广东省大学生校外实践基地通过验收

2015 年，河职院"万绿湖实训基地"立项为广东省大学生实践教学基地——河源东源县万绿湖旅游发展有限公司旅游管理专业校外实践教学基地。2015—2017 年期间，校企双方根据有关高职院校应根据粤教高函（〔2013〕6 号）文件的相关要求，将建设重点放在健全组织管理体系、改革校外实践教学模式、建设专兼结合指导教师队伍、建立开放共享机制、保护学生合法权益 5 个方面，建立健全了高职院校和行业企业的协同育人机制。通过 2 年的项目建设，2017 年，"河源东源县万绿湖旅游发展有限公司旅游管理专业校外实践教学基地"通过省级验收，正式成为广东省大学生实践教学基地。

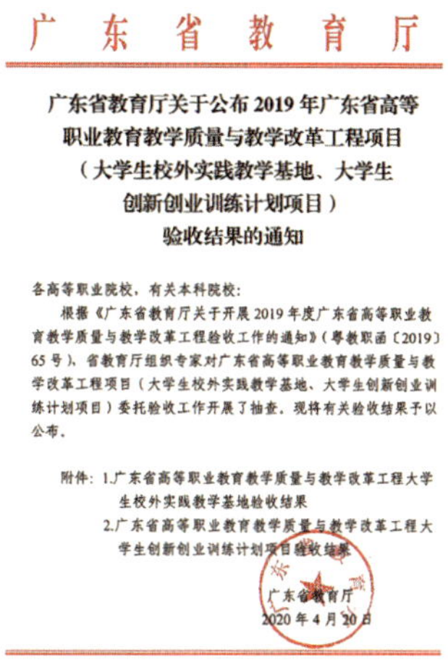

广 东 省 教 育 厅

广东省教育厅关于公布 2019 年广东省高等职业教育教学质量与教学改革工程项目（大学生校外实践教学基地、大学生创新创业训练计划项目）验收结果的通知

各高等职业院校，有关本科院校：

根据《广东省教育厅关于开展 2019 年度广东省高等职业教育教学质量与教学改革工程验收工作的通知》（粤教职函〔2019〕65 号），省教育厅组织专家对广东省高等职业教育教学质量与教学改革工程项目（大学生校外实践教学基地、大学生创新创业训练计划项目）委托验收工作开展了抽查，现将有关验收结果予以公布。

附件：1.广东省高等职业教育教学质量与教学改革工程大学生校外实践教学基地验收结果

2.广东省高等职业教育教学质量与教学改革工程大学生创新创业训练计划项目验收结果

广东省教育厅

2020 年 4 月 20 日

| | | | | | |
|---|---|---|---|---|---|
| 178 | 河源职业技术学院 | 农夫山泉广东万绿湖有限公司工业环保与安全技术专业校外实践教学基地 | 钟建坤 | 粤教高函〔2014〕72 号 | 不予通过 |
| 179 | 河源职业技术学院 | 河源港嘉有限公司数控技术专业校外实践教学基地 | 陈胜利 | 粤教高函〔2015〕24 号 | 通过 |
| 180 | 河源职业技术学院 | 中国联通河源分公司移动通信技术专业群校外实践教学基地 | 潘益玲 | 粤教高函〔2015〕24 号 | 通过 |
| 181 | 河源职业技术学院 | 河源东源县万绿湖旅游发展有限公司旅游管理专业校外实践教学基地 | 杨红霞 | 粤教高函〔2016〕135 号 | 通过 |
| 182 | 河源职业技术学院 | 景旺电子科技龙川有限公司应用电子技术专业校外实践教学基地 | 葛建新 | 粤教高函〔2016〕135 号 | 通过 |
| 183 | 河源职业技术学院 | 广东金霸建材河源有限公司模具设计与制造专业校外实践教学基地 | 梁丰 | 粤教高函〔2016〕135 号 | 通过 |
| 184 | 河源职业技术学院 | 紫金御临门温泉度假村酒店管理专业校外实践教学基地 | 曾惠华 | 粤教高函〔2016〕135 号 | 通过 |
| 185 | 河源职业技术学院 | 河源市绿意传媒有限公司艺术设计专业校外实践教学基地 | 刘晓茜 | 粤教高函〔2016〕135 号 | 通过 |

图 4–16　广东省大学生实践教学基地立项文件

## 二、成立金牌导游工作室

### （一）金牌导游工作室项目介绍

1. 金牌导游工作室简介

图 4-17　金牌导游工作室牌匾

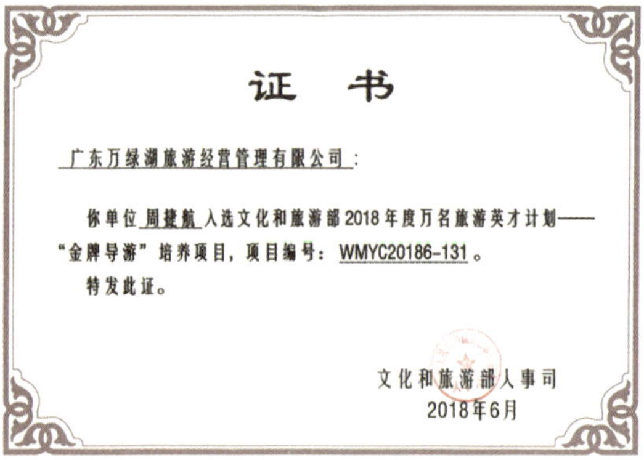

证　书

广东万绿湖旅游经营管理有限公司：

你单位周捷航入选文化和旅游部2018年度万名旅游英才计划——“金牌导游”培养项目，项目编号：WMYC20186-131。

特发此证。

文化和旅游部人事司
2018年6月

图 4-18　文化和旅游部金牌导游工作室立项证书

根据组织部和人力资源和社会保障部的《高技能人才队伍建设中长期规划（2010—2020 年）》《国家高技能人才振兴计划实施方案》以及《国家级技能大师工作室建设项目实施管理办法（试行）》，本着“互惠互利、优势互补、共同发展”的原则，经协商，2018 年，双方同意建立校企合作关系，共同建立“周捷航金牌导游工作室”。

本着“互惠互利、优势互补、共同发展”的原则，双方建立长期、紧密的合作关系。甲乙双方（甲方为河源职业技术学院工商管理学院，乙方为周捷航）的合作目标主要包括以下三个方面：

（1）提高人才培养质量，增强人才培养的社会适应性，促进就业；

（2）形成“产教结合、产教并举、以教促产、以产养教”的学校与企业浑然一体的办学模式，构建适应企业发展需求的人才输送渠道；

（3）人才共育、过程共管、责任共担、成果共享，实现校企共同发展，并逐步实现其他领域更广泛更深入的合作。

2. 项目合作内容

（1）实习基地建设。甲乙双方发挥各自优势，团结协作，以学校为基地共建“周捷航金牌导游工作室”，并进行管理。

（2）课程教材建设。甲乙双方可以利用各自的资源在课程、教材等方面加强合作。乙方为甲方提供行业、企业最新技术标准和要求等信息，甲方将典型工作任务和岗位要求融入教学内容，以工作过程为导向，将企业运营遇到的难题用作教材的经典案例进行分析探讨和研究，建设理论与实践兼顾、实战与技术并重的课程体系。

（3）人才培养。为确保甲方毕业的人才符合行业和企业岗位的需求，甲乙双方就人才培养方案、模式与改革、教学计划、教学大纲、课程设置、实践教学体系、教学质量保障与管理规范等环节和工作共同进行合作探讨。

（4）企业讲师。甲方聘请乙方为学校客座讲师，对学生进行实践指导、专题技术讲座和培训交流，确保实践教学质量和人才培养质量。甲方对来校参加教学辅导和实习指导的乙方提供工作和生活方便，并按甲乙双方的约定支付报酬。

（5）科研项目。甲方发挥专业学科和人才优势，积极与乙方进行技术创新、产品开发、科研攻关、课题研究、项目推进等方面的合作。

### （二）周捷航金牌导游工作室团队服务提升计划

1. 项目介绍

周捷航金牌导游工作室团队正在积极推进景区硬件提升改造工程和景区服务提升工程，应万绿湖风景区的邀请，将此次申报国家 AAAAA 景区的万绿湖风景区（含龙凤岛、水月湾镜花缘、万绿谷、水月湾、客家风情街 / 博物馆等项目）的服务按照 AAAAA 评定标准做一次全面提升工作，包括规范景区各岗位职责、工作流程、管理制度、员工培训等项目，以达到国家 AAAAA 景区的标准。

项目团队组长：俞彤。组员：“周捷航金牌导游工作室”团队成员，包括：河源职业技术学院旅游管理专业群教师、河源职业技术学院“万绿湖导游精英部”学生、万绿湖风景区导游部员工。

2. 项目目标

（1）完成景区各岗位职责（岗位说明书）、工作流程、景区管理制度。

（2）完成团队景区员工的岗位内化培训，提升服务质量，以达到国家 AAAAA 景区的标准。

3. 项目内容和工作方法

（1）根据国家 AAAAA 景区评定标准，对景区的服务进行诊断，完善和制定各岗位的说明书（一线岗位）、工作流程图、景区管理制度汇编（共 7 章 60 个管理制度）。

（2）根据国家 AAAAA 景区评定标准，对一线员工进行岗位职责内化培训，服务意识、服务技能、工作流程、规范标准、个性服务、应急事件及投诉事件处理等内容进行培训。

（3）项目组会通过暗访调查、模拟评审组评分、诊断、企业访谈、员工访谈、游客满意度调查、专家研讨、外出考察学习、移动课堂教学、现场教学等方法完成此次项目。

### （三）项目成果

1. 相关讲座和社会实践活动

依托于该项目，金牌导游工作室负责人周捷航积极开展多项培训讲座和社会实践活动，具体内容包含以下几个方面：

（1）开展社会公益讲座

金牌导游工作室多次开展社会讲座，为河源导游行业发展贡献力量。例如，周捷航在河源职业技术学院、河源市理工学校为上百名旅游管理专业的学生共举办了四次公益讲座。讲座内容涉及导游职业的认识、如何开展导游工作、如何带好第一个地接团、如何带好研学团队等。2023 年 2 月，金牌导游工作室承办河源市讲解员服务质量提升培训会，企业代表金牌导游周捷航担任培训讲师。此外，金牌导游工作室还为河源市博物馆举办的“小小讲解员”班举办专题讲座，给兴趣班的中小学生示范如何讲好河源的山水文化、民俗风情。

（2）参加社会讲解等社会实践活动

金牌导游工作室利用自身优势，积极参与社会各项讲解活动。例如，周捷航带领河职院校园导游俱乐部的成员走进当地的名镇古村：和平县林寨古村、东源县康禾仙坑村八角楼。为珠三角的研学团队提前实地踩线，为如何讲好客家民俗、客家建筑现场示范讲解。此外，工作室还带领部门的骨干成员、实习生走进珠三角、粤西地区，跟其他景区人员还有行业精英进行交流，提高导游技能。

（3）积极参加河源市各项志愿者活动

金牌导游工作室积极参加河源市各项志愿旅游活动。例如，2018 年 10 月河源市第十三届客家文化旅游节——广东省乡村旅游季河源分会场系列活动——万绿湖千人宴暨“万绿湖”杯全国航拍摄影大赛颁奖仪式，周捷航担任活动现场的主持人，按照活动流程主持活动并取得圆满成功；2018 年 11 月下旬河源市举行全城行动添彩创文长卷活动，周捷航作为河源市文明旅游代表团的团长率队参加该活动。2019 年 3 月金牌导游工作室参加了河源市河湖保护志愿者协会成立活动，协会响应国家落实生态发展的号召，为维护河湖健康生命，广泛发动公众力量参与河湖保护工作。2019 年 9 月参加河源市科普教育研学协会成立活动。为河源青少年科普教育，研学基地、研学路线的开发贡献力量。

（4）积极担任社会评委并指导职业技能大赛

金牌导游工作室负责人周捷航还积极担任社会各类比赛的评委。例如，2018 年 11 月受邀请到河源市理工学校，为旅游管理专业的几位选手参加河源市中职院校导游大赛做辅导工作。2018 年 6 月、2019 年 6 月担任河源市职业技术学院校园导游风采大赛的评委。此类大赛也多次邀请周捷航担任评委，为加强企业与学校的实践贡献力量。

（5）担任培训讲师，保持不断学习，注重自我提升

周捷航始终与各大院校的专业老师保持联系，了解旅游相关最新的知识点，并及时给部门成员分享，一起学习。例如，2022 年 6 月，河源职业技术学院·万绿湖文旅产业学院承办河源市讲解员红色文化讲解服务培训，由学校教师和企业优秀人才担任培训讲师。此外，周捷航还每季度带领部门成员与院校专业的人员交流学习，努力保持理论与实践的同步，共同成长。

2. 技能竞赛获奖及荣誉

依托于该工作室项目，金牌导游工作室负责人周捷航积极参加各种技能竞赛并获奖，不断提升自己的技能，具体获奖如下表所示：

**表 4–4　金牌导游工作室负责人周捷航获奖（受聘）项目**

| 序号 | 获奖（受聘）项目 | 颁发机构 | 获奖时间 | 获奖（受聘）证书 |
| --- | --- | --- | --- | --- |
| 1 | 2024 年广东省中小学生研学实践教育基（营）地第二届研学指导教师讲课比赛 | 广东省中等职业学校德育研究与指导中心 | 2024.6 | 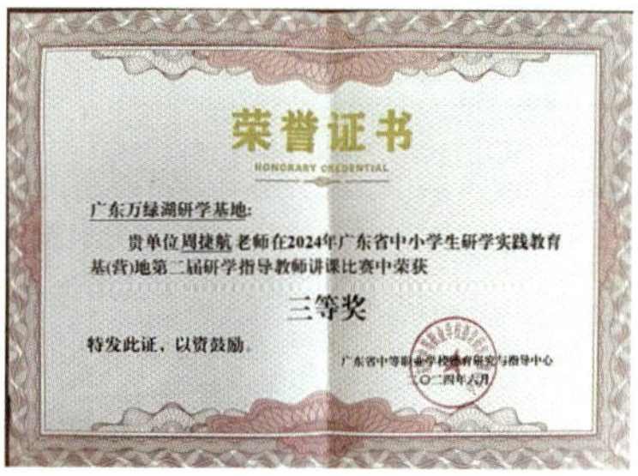<br>荣誉证书<br>HONORARY CREDENTIAL<br>广东万绿湖研学基地：<br>贵单位周捷航老师在2024年广东省中小学生研学实践教育基(营)地第二届研学指导教师讲课比赛中荣获<br>三等奖<br>特发此证，以资鼓励。<br>广东省中等职业学校德育研究与指导中心<br>二〇二四年六月 |
| 2 | 河源市导游协会第三届理事会副会长 | 河源市导游协会 | 2024.1 | 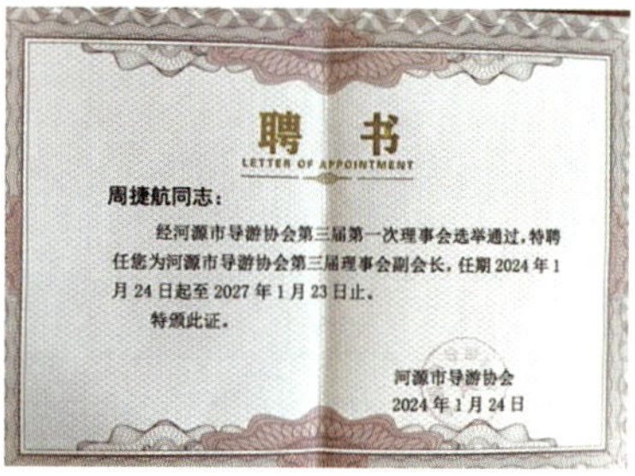<br>聘　书<br>LETTER OF APPOINTMENT<br>周捷航同志：<br>经河源市导游协会第三届第一次理事会选举通过，特聘任您为河源市导游协会第三届理事会副会长，任期 2024 年 1 月 24 日起至 2027 年 1 月 23 日止。<br>特颁此证。<br>河源市导游协会<br>2024 年 1 月 24 日 |

续表

| 序号 | 获奖（受聘）项目 | 颁发机构 | 获奖时间 | 获奖（受聘）证书 |
| --- | --- | --- | --- | --- |
| 3 | 河源市文化广电旅游体育局荣誉证书 | 河源市文化广电旅游体育局 | 2023.6 | <br>荣誉证书<br>CONGRATULATION<br>周捷航 同志：<br>你代表河源市参加2023年广东省导游职业技能大赛，表现突出，取得了“团体一等奖”和“最佳风采奖”佳绩，展现了我市导游积极进取、勇于拼搏的良好精神风貌，为我市旅游行业争得了荣誉，树立了榜样。<br>特发此证，以资鼓励。<br>河源市文化广电旅游体育局<br>2023年6月30日 |
| 4 | 在 2023 年广东省导游职业技能大赛荣获“最佳风采奖”称号 | 广东省导游职业技能大赛组委会 | 2023.6 | <br>荣誉证书<br>HONORARY CREDENTIAL<br>周捷航<br>在 2023 年广东省导游职业技能大赛<br>荣获 “最佳风采奖” 称号。<br>特颁此证，以资鼓励。<br>广东省导游职业技能大赛组委会<br>（代 章）<br>2023 年 6 月 |
| 5 | 在 2023 年广东省导游职业技能大赛荣获“广东省明星导游”称号 | 广东省导游职业技能大赛组委会 | 2023.6 | <br>荣誉证书<br>HONORARY CREDENTIAL<br>周捷航<br>在 2023 年广东省导游职业技能大赛<br>荣获 “广东省明星导游” 称号。<br>特颁此证，以资鼓励。<br>广东省导游职业技能大赛组委会<br>（代 章）<br>2023 年 6 月 |

续表

| 序号 | 获奖（受聘）项目 | 颁发机构 | 获奖时间 | 获奖（受聘）证书 |
|---|---|---|---|---|
| 6 | 河源市导游协会第二届理事会副会长 | 河源市导游协会 | 2020.8 | 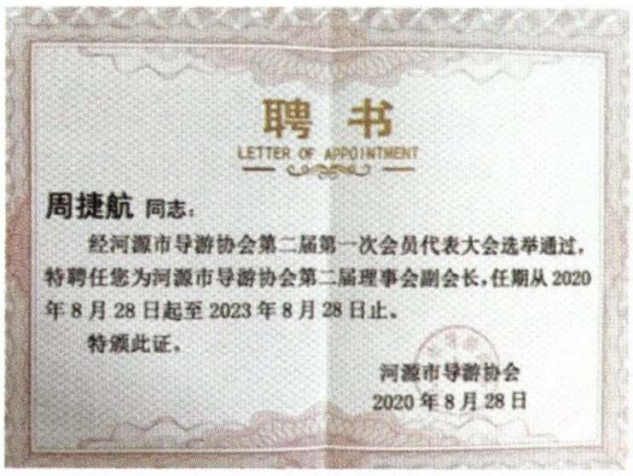<br>聘书<br>LETTER OF APPOINTMENT<br>周捷航 同志：<br>经河源市导游协会第二届第一次会员代表大会选举通过，特聘任您为河源市导游协会第二届理事会副会长，任期从2020年8月28日起至2023年8月28日止。<br>特颁此证。<br>河源市导游协会<br>2020年8月28日 |
| 7 | 河源市博物馆第三届小小讲解员培训班的指导教学中表现突出，被评为“优秀导师” | 河源市博物馆 | 2019.5 | <br>荣誉证书<br>周捷航 同志：<br>您在2019年河源市博物馆第二届小小讲解员培训班的指导教学中表现突出，被评为“优秀导师”。<br>特发此证，以兹鼓励。<br>河源市博物馆<br>二〇一九年五月 |
| 8 | 2019年河源市十大“最美生态环境使者”称号 | 河源市生态环境局 | 2020.4 | 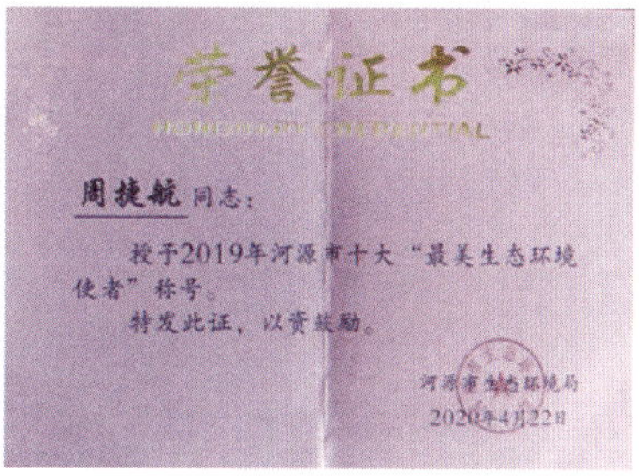<br>荣誉证书<br>周捷航 同志：<br>授于2019年河源市十大“最美生态环境使者”称号。<br>特发此证，以资鼓励。<br>河源市生态环境局<br>2020年4月22日 |

## 三、校级示范性产业学院

### （一）机构简介

河源职业技术学院·万绿湖文旅产业学院成立于2022年5月20日，是河源职业技术学院工商管理学院旅游管理专业群延伸形成助推文旅产业转型升级、培养文旅产业急需人才的产业学院。河源职业技术学院·万绿湖文旅产业学院成立管理委员会，构建产业学院运行机制，开展订单人才培养、技术技能培训、技术研发、产品改进，实现产业经验和专业教育融合、社会实践与业务发展融合、产业发展与专项研究融合、人力资源与人才培养融合、品牌战略与社会形象融合。

表 4–5　河源职业技术学院·万绿湖文旅产业学院合作机构简介

| | | | |
|---|---|---|---|
| 合作单位名称 | 广东万绿湖文化旅游投资有限公司 | | |
| 法人代表 | 周维国 | 联系人 | 周维国 |
| 单位性质 | 国有企业 | 联系人职务 | 董事长 |
| 主管单位 | 东源县国有资产经营有限公司 | 联系人电话 | |
| 已接受共建专业点实习学生数（人） | 约 3000 | 已接收共建专业点毕业生就业数（人） | 26 |
| 合作开展现代学徒制试点学生数（人） | 0 | 合作开展订单培养学生数（人） | 750 |
| 已支持学校兼职教师数（人） | 13 | 已捐赠和准捐赠设备值（万元） | 78.8 |

## （二）校级示范性产业学院建设目标

2023 年 6 月 1 日，河源职业技术学院·万绿湖文旅产业学院获批成为河源职业技术学院 2023 年校级示范性产业学院，以下是公布文件：

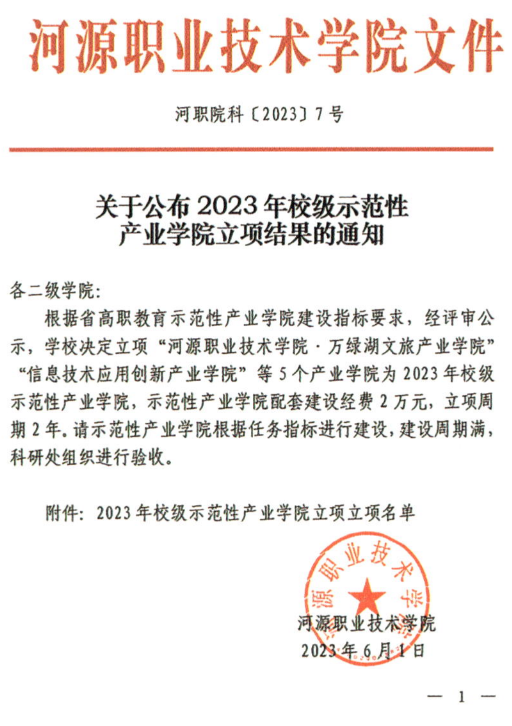

河源职业技术学院文件

河职院科〔2023〕7 号

关于公布 2023 年校级示范性
产业学院立项结果的通知

各二级学院：

根据省高职教育示范性产业学院建设指标要求，经评审公示，学校决定立项“河源职业技术学院·万绿湖文旅产业学院”“信息技术应用创新产业学院”等 5 个产业学院为 2023 年校级示范性产业学院，示范性产业学院配套建设经费 2 万元，立项周期 2 年。请示范性产业学院根据任务指标进行建设，建设周期满，科研处组织进行验收。

附件：2023 年校级示范性产业学院立项立项名单

河源职业技术学院
2023 年 6 月 1 日

— 1 —

图 4–19　校级示范性产业学院立项文件

示范性产业学院配套建设经费 2 万元，立项周期 2 年。校级示范性产业学院设置了以下建设目标：

**表 4–6　校级示范性产业学院建设目标**

<table>
<tr><th rowspan="2">序号</th><th colspan="3" rowspan="2">建设内容</th><th colspan="3">年度目标</th></tr>
<tr><th>2023 年</th><th>2024 年</th><th>2025 年</th></tr>
<tr><td rowspan="2">1</td><td colspan="2" rowspan="2">管理体制机制</td><td>1. 建立理事会治理模式</td><td>完善产业学院各项规章制度，形成新型战略伙伴关系</td><td>成立产业学院企业工作室、创新工坊，开展企业实践项目</td><td>产业学院运行实践效果评估报告，双主体协同育人实效评价</td></tr>
<tr><td>2. 自我诊断与改进机制建设</td><td>1. 总结上一年专业群诊改经验，诊改运作效率，完成专业群诊断小循环 1 次<br>2. 实施第三方评价</td><td>在总结前两年产业学院建设和诊改经验的基础上，开展 1 次专业群诊改大循环，重构产业学院人才培养系统设计，使行业企业反馈评价机制和教学体系对接</td><td>完善专业层面诊断与改进工作数据工作，推进该项工作的常态化，构建较为完善的专业群内控体系方案 1 套</td></tr>
<tr><td rowspan="4">2</td><td rowspan="4">高水平专业建设</td><td rowspan="4">人才培养模式创新</td><td>1. 人才培养模式创新与实践</td><td>省级教研教改课题 1 项</td><td>省级教研教改课题 1 项</td><td>人才培养模式研究专著 1 部</td></tr>
<tr><td>2. 现代学徒制和订单班</td><td>学徒制、订单班过程实施；中期总结反馈；开设鸿客订单班</td><td>订单班过程实施；总结反馈</td><td>旅游管理专业群现代学徒制和订单班研讨会，培养总结报告</td></tr>
<tr><td>3. 专业群人才培养方案</td><td>1. 专业指导委员会论证人才培养落实情况<br>2. 调整人才培养方案</td><td>1. 专业群人才培养方案实施效果评估<br>2. 企业调研培养成效</td><td>1. 专业群人才培养方案调研报告 1 份<br>2. 制定人才培养方案</td></tr>
<tr><td>4. “德技并修”人才职业素质养成体系</td><td>1. 打造“德技并修、服务精神”的专业文化<br>2. 开展淑女课堂等职业素养提升系列活动 5 场<br>3. 参加国家与省职业技能大赛</td><td>1. 开展志愿者活动、社团活动等职业素养提升系列活动 8 场<br>2. 参加国家与省职业技能大赛</td><td>1. 开展大益爱心茶社、职业素养提升系列活动 10 场<br>2. 参加国家与省职业技能大赛</td></tr>
</table>

续表

| 序号 | 建设内容 | | | 年度目标 | | |
|---|---|---|---|---|---|---|
| | | | | 2023 年 | 2024 年 | 2025 年 |
| 2 | 高水平专业建设 | 课程教学资源建设 | 1．“1+X”证书试点与课程体系建设 | 1. 成立旅游类“1+X”证书试点<br>2. 校企共同开发“客房服务与管理”专业课程教学标准、实习标准 2 个 | 1. 实施旅游类“1+X”证书试认定工作<br>2. 专业群课程体系总结与整改报告<br>3. 校企共同开发专业课程教学标准 2 个 | 1. 专业群课程体系评估与升级<br>2. 校企共同开发专业课程教学标准、实训标准 2 个 |
| | | | 2. 精品在线开放课程 | 1. 精品在线开放课程总结与反思<br>2. 建设省级在线开放课程 1 门 | 建设省级在线开放课程 1 门 | 1. 精品在线开放课程实际应用情况分析与总结<br>2. 课程推广 |
| | | | 3. 数字化教学资源库 | 专业群教学资源库建设申报 | 运行、完善已建资源库 | 建成优质、高效、开放共享的专业群教学资源库 |
| | | 教材与教法改革 | 1. 教材建设 | 1. 工作手册式教材 1 部<br>2. 活页式教材 1 部，富媒体教材 1 部 | 1. 活页式教材 1 部<br>2. 富媒体教材 1 部 | 出版富媒体教材 1 部，其中规划教材 1 部 |
| | | | 2. 教法改革 | 1. 发表教研论文 3 篇<br>2. 建设 1 门高水平的金课，线上线下混合式课程 1 门<br>3. 参加省级教学能力比赛 | 1. 立项省级教改课题 1 项，发表教研论文 3 篇<br>2. 建设 1 门金课 | 1. 立项省级教研课题 1 项，发表教研论文 2 篇<br>2. 建设 1 门金课 |
| 3 | 打造高素质“双师型”教师队伍 | | 1. 教学创新团队 | 1. 打造和完善企业教师团队<br>2. 培育青年专业群带头人 1 人 | 1. 省级高层次技能型兼职教师 1 人（备）<br>2. 培育青年骨干教师 2 人，教师名师 1 人 | 1. 新增行业大师 1 名<br>2. 省级高层次技能型兼职教师 1 人 |
| | | | 2. 培养手段与成果 | 1. 科研获奖 2 人次<br>2. 开展国际访学交流 4 人次<br>3. 教学比赛 1 人次，四大检索或核心论文 1 篇 | 1. 开展国际访学交流 10 人次<br>2. 教学比赛 1 人次<br>3. 发表四大检索或核心论文 1 篇 | 1. 开展国际访学交流 5 人次<br>2. 教学比赛 1 人次，科研获奖 1 人次<br>3. 发表四大检索或核心论文 1 篇 |

续表

<table>
<tr><th rowspan="2">序号</th><th colspan="2" rowspan="2">建设内容</th><th colspan="3">年度目标</th></tr>
<tr><th>2023 年</th><th>2024 年</th><th>2025 年</th></tr>
<tr><td rowspan="3">4</td><td rowspan="3">共建实习实训和创新创业教育基地</td><td>1. 校内实训室建设</td><td>1. 扩建茶艺实训室<br>2. 扩建客房实训室<br>3. 购买人力资源管理软件</td><td>1. 购买火眼金睛消防模拟软件、Opra 软件<br>2. 扩建中西餐实训室<br>3. 新建旅游综合实训室</td><td>1. 扩建数字化旅游综合实训室<br>2. 扩建酒吧实训室<br>3. 扩建烹饪综合实训室</td></tr>
<tr><td>2. 校外实训基地</td><td>1. 质量监控、评价和反馈体系<br>2. 省大学生校外实践教学基地</td><td>1. 与鸿客开展订单班<br>2. 完善“产学研训创”一体化发展的产教融合机制</td><td>质量监控、评价和反馈体系</td></tr>
<tr><td>3. 创新创业教育与实践</td><td>指导学生参加挑战杯和创新创业大赛</td><td>省大学生创新创业训练计划项目 1–2</td><td>获得省级攀登计划项目 1 项</td></tr>
<tr><td rowspan="2">5</td><td rowspan="2">搭建产学研服务平台及社会服务</td><td>1. 平台建设，提供培训与技能鉴定服务</td><td>1. 服务平台的实施效果评估<br>2. 完成社会培训或技能鉴定 3 项，1000 人次</td><td>1. 服务平台的项目运营以及人才培养方式<br>2. 完成社会培训或技能鉴定 4 项，1200 人次</td><td>1. 依托平台科研成果总结<br>2. 完成社会培训或技能鉴定 3 项，1500 人次</td></tr>
<tr><td>2. 建设创新服务团队开展技术服务</td><td>1. 创新服务团队服务能力提升计划<br>2. 开展技术服务项目 3 项以上<br>3. 立项市级以上科研课题 2 项<br>4. 实现技术服务收入 20 万元以上</td><td>1. 创新服务团队服务能力提升项目<br>2. 开展技术服务项目 4 项以上<br>3. 立项市级以上科研课题 2 项<br>4. 实现技术服务收入 20 万元以上</td><td>1. 创新服务团队服务能力评价<br>2. 出版专著 1 部<br>3. 开展技术服务项目 2 项以上<br>4. 立项市级以上科研课题 2 项<br>5. 实现技术服务收入 20 万元以上</td></tr>
</table>

### （三）校级示范性产业学院保障措施

为了保证万绿湖文旅产业学院顺利建设，在校企双方的领导和监督下，产业学院将完善组织机构和管理制度，落实保障、监督措施和激励机制，确保建设有计划、按步骤、高质量地完成。

1. 组织保障

依托河源职业技术学院旅游管理专业群，整合河源市景区协会和河源市导游协会相关职能，“校企”共建，实行理事会领导下的院务会议负责制。

（1）万绿湖文旅产业学院下设院务会议

设立双院长制。院务会议统筹、推行和指导学院建设工作。制定建设任务书，下达建设任务，全面负责学院的管理、组织和实施。万绿湖文旅产业学院由校企双院长共同主持日常工作。

（2）成立万绿湖文旅产业学院建设工作小组

全面落实学院建设的组织、协调、管理和监控，并完成好产业学院建设的各项文本。

2. 机制保障

（1）深化校企合作办学体制改革

整合资源，探索“政行企校”合作共建的“院务会”管理体制，以育人、效益为杠杆，以互惠多赢为原则，形成学院建设的强大推动力。

（2）完善适应合作办学的二级管理运行机制

赋予产业学院更多的自主权，实行年度目标考核，将校企合作、工学结合、社会服务、招生就业等作为核心考核内容。

（3）逐步建立“政、行、企、校”四方共同参与的教学质量管理、监控和督导机制

建立由“政、行、企、校”等各方参与的人才培养质量监控机构；完善和实施教学管理和教育督导规章制度，确保教育教学的质量。

（4）风险预警机制保障

建立人才培养工作状态数据定期采集、集中分析和定期通报的制度，逐步形成专业风险预警、人才培养导向预警、不确定性状态下的校企合作预警等机制，保障人才培养的连续性，同时，校企双方明确职责，发现问题，及时纠偏。

3. 经费保障

（1）强化经费管理手段

制定《万绿湖文旅产业学院建设专项资金管理办法》《万绿湖文旅产业学院建设项目设备采购管理办法》等管理制度，明确资金使用范围、审批权限、预决算制度等。

（2）拓展建设经费来源

充分利用学院品牌，积极争取行业、企业和社会投资，多渠道、多元化筹措和吸纳社会资本，形成企业投资为主，政府拨款和学校固定资产投资为辅的建设资金体系。

4. 质量保障

（1）完善管理制度

制定《万绿湖文旅产业学院建设项目管理办法》等管理制度，对项目推进、资金

使用、质量评价等做出科学明确的规定，并严格执行。

（2）推行项目管理

按建设任务书分解各项任务，明确目标、进度及成效，实行项目责任制，落实责任部门和责任人，按照《万绿湖文旅产业学院建设项目管理办法》，建立项目实施及相应的考核、奖惩制度。

（3）落实监控考评

通过万绿湖文旅产业学院建设领导小组每月自查，监控领导小组每半年检查等途径，对学院建设进行监测和考评。根据检查结果，不断修改、完善《建设方案》，以确保学院《建设方案》顺利实施，建设目标顺利实现。

（4）第三方质量评价机制

以第三方机构为代表，在大学生就业能力测量与评估、雇主需求与评价、培养与就业综合数据研究等方面，对学院人才培养质量做出整体评价，利用评价结果，调整与完善学院人才培养机制，用于新一轮人才培养过程。

### （四）校级示范性产业学院预期成果

1. 人才培养质量领先，成为粤港澳旅游人才培养高地

开展旅游类“1+X”职业技能证书制度试点，人才培养成效显著；建设工作手册式教材 1 部，活页式教材 2 部，富媒体教材 3 部；省级精品在线开放课程 2 门，金课 4 门；省级以上教改课题 4 项；学生获全国职业技能大赛奖项 1~2 个，省级技能大赛奖项 5~6 个，省挑战杯和创新创业大赛 4 项以上，省级创新项目 2~4 项。

2. 现代旅游综合服务平台机制灵活、产出高效，成为行业社会服务的品牌

万绿湖文旅产业学院建设一流科研创新服务团队，立足河源，面向粤港澳行业企业，继续开展旅游志愿者活动，拓展专业技术服务，如景区服务升级、传统旅游技术升级与攻关、研学旅行课程设计等，并形成“科研 + 技术服务 + 社会培训 + 人才培养”一体的平台，助力广东旅游业转型升级。

3. 教师教学创新团队德技双馨，成为旅游职业教育的领航者

引培专业领军人才 1 人，组建国家技能大师工作室 1 个，省级高层次技能型兼职教师 2 人，省级以上教学能力大赛 1~2 项，获省级以上课题立项 3 项以上，发表四大检索论文 3 篇以上，出版专著 1 部。

## 四、旅游管理专业高水平专业群校企建设情况及成果

### （一）旅游管理专业高水平专业群简介

1. 旅游管理专业高水平专业群基本情况

河源职业技术学院·万绿湖文旅产业学院所依托旅游管理专业高水平专业群是 2021 年 3 月份立项的广东省第一批高水平专业群。旅游管理专业高水平专业群包括旅游管理、酒店管理与数字化运营、烹饪工艺与营养专业三个专业。旅游管理专业创办于 2003 年，并于 2005 年分为旅游管理与酒店管理两个独立专业，烹调工艺与营养专业创办于 2010 年。旅游管理专业群是中央财政支持项目、教育部第三批“现代学徒制试点”，是广东省示范性专业、省高职教育重点建设专业及省示范校重点专业。专业群基础扎实，专任教师 33 人，其中高级职称 11 人，博士后 1 人，博士 1 人，在读博士 1 人，硕士 23 人；办学规模稳定在 900 人 / 学年。专业群取得 121 项标志性成果，如表 4-7 所示。

表 4-7　专业群标志性成果一览表

| 类型 | 项目 | |
|---|---|---|
| 专业建设 | ▪ 中央财政支持高等职业院校提升专业服务地方能力建设项目 | |
| | ▪ 广东省第一批高水平专业群建设立项项目 | |
| | ▪ 国家现代学徒制第三批试点专业（教育部） | |
| | ▪ 广东省高职教育重点专业 | ▪ 广东高职院校与本科高校协同育人试点专业 |
| | ▪ 广东省高职教育示范性专业 | ▪ 国家丙级资质旅游规划与发展研究中心 |
| | ▪ 广东省示范性高职院校重点专业 | ▪ 广东省旅游教育培训先进单位 |
| | ▪ 广东省优秀教学团队 | ▪ 广东省旅游行业技能培训基地 |
| 技能竞赛 | ▪ 全国职业院校技能大赛个人一等奖 2 项，二等奖 1 项，三等奖 1 项 | |
| | ▪ 第六届全国旅游院校服务技能大赛个人一等奖 1 项，团体一等奖 1 项 | |
| | ▪ 第八届全国旅游院校服务技能大赛个人一等奖 2 项，团体一等奖 1 项 | |
| | ▪ 第九届全国旅游院校服务技能大赛个人一等奖 1 项，二等奖 2 项 | |
| | ▪ 第十二届全国旅游院校服务技能大赛个人二等奖 2 项，三等奖 2 项 | |
| | ▪ 第十四届全国旅游院校服务技能大赛个人一等奖 2 项 | |
| | ▪ 2024 世界职业院校技能大赛研学旅行赛项 金奖 1 项 | |

续表

| 类型 | 项目 | |
|---|---|---|
| 技能竞赛 | ▪ 全国职业院校导游技能大赛广东省导游赛项选拔赛（2013—2024）一等奖 22 项，烹饪、主题宴会设计赛项二等奖、三等奖合计 28 项 | |
| | ▪ “挑战杯”广东省大学生课外学术科技作品竞赛特等奖 4 项 | |
| 教学资源 | ▪ 广东省精品资源共享课程 2 门，省级精品开放课程 2 门 | |
| | ▪ 广东省大学生实践教学基地 4 个 | |
| 教学团队 | ▪ 获 2015 国家旅游局“万名旅游英才”项目 7 项，其中“双师型”项目 3 项，“实践型”项目 4 项 | |
| | ▪ 获 2016 国家旅游局“万名旅游英才”项目 7 项，其中“双师型”项目 3 项，“实践型”项目 4 项 | |
| | ▪ 广东省教育教学成果奖一等奖 1 项，二等奖 1 项 | ▪ 南粤优秀教师 2 人 |
| | ▪ 广东省高等学校优秀青年教师培养对象 1 人 | ▪ 广东省技术创新能手 1 人 |
| | ▪ 广东省高等学校“千百十人才培养工程”培养对象 3 人 | ▪ 广东省职业院校信息化教学大赛二等奖 1 项 |
| | ▪ 全国职业院校技能大赛一等奖指导教师 2 人 | ▪ 中国旅游教育年度人物 1 项 |
| | ▪ 广东省高职院校高层次技能型兼职教师 1 人 | ▪ 省青年教师教学大赛二等奖 2 项，三等奖 2 项 |
| 社会服务 | ▪ 主持“河源市旅游业发展‘十三五’规划”、县区旅游发展规划 | |
| | ▪ 主持河源市地方标准《河源市研学旅行机构服务规范》《河源市党政机关会议服务规范》的编制，并已发布实施 | |
| | ▪ 发起成立“乡村振兴学院”“河源市客家菜师傅培训学院” | |
| | ▪ 社会服务进账 233.99 万元 | |
| | ▪ 主持河源市导游义工队（市民政局审批） | |

2. 旅游管理专业高水平专业群建设目标及目标完成情况

旅游管理专业高水平专业群建设目标为：专业群立足河源“粤港澳大湾区生态健康生活首选地”建设，服务广东文化和旅游强省建设和粤港澳大湾区世界级文化旅游目的地发展战略，对接广东省现代旅游服务业对高素质复合型人才的迫切需求，到 2025 年，通过与广东客天下集团等行业领军企业深化合作，构建“校企”发展共同体，推动产教融合，不断完善“内外交替、真岗培养”人才培养模式，培养具备国际视野、德技兼备、一专多能的高素质复合型旅游人才，实现人才培养和教学基地的“质量领先”、专业标准和建设的“专业领先”、教学资源和教法改革的“能力领先”、产业服务和社会服务的“技术领先”，最终建成综合实力广东领先、国内一流的高水平专业群。

经过两年的建设，截至 2023 年底，旅游管理专业高水平专业群实现了预期的目标，取得一系列标志性成果，综合实力进一步增强。深化“内外交替、真岗培养”人才培养模式，完成了教育部现代学徒制第三批试点验收，稳定开展“1+X”职业技能等级证书认定工作。获得2022年广东省1+X粤菜、粤点职业技能等级证书工作考核优秀，教育教学成果获广东省教学成果奖二等奖；获得全国旅游院校服务技能（导游服务）大赛二等奖2项、三等奖2项，全国职业院校技能大赛“导游服务”广东省选拔赛一等奖3项、二等奖3项，第十六届“挑战杯”广东大学生课外学术科技作品竞赛特等奖1项；获2022年职业教育国家在线精品课程1门，广东省精品在线开放课程1门；获国家“十四五”规划教材1门；培养了教授1名，培养博士1名；荣获“中国烹饪大师”国家烹饪大师1人、广东省粤菜师傅四星级名厨1人；1人担任中国旅游协会旅游教育分会理事，2人担任中国烹饪协会餐饮教育工作委员会委员，1人担任第十一届全国旅游院校服务技能大赛裁判，2人担任粤港澳大湾区“粤菜师傅”技能大赛裁判员；建设了“周捷航国家金牌导游工作室”、客天下省级大学生校外实践教学基地；依托专业群旅游规划发展研究中心和客家菜师傅培训学院，完成广东省粤东西北中等职业学校“客家菜点制作工艺”培训、《河源市研学旅行机构服务规范》（地方标准）、《河源市党政机关会议服务规范》（地方标准）等12项技术服务项目。综上，本专业群按照建设任务，有序推动完成了既定目标，专业群的影响力和美誉度显著增强，形成较强的引领示范作用，综合实力达到国内领先。

### （二）校企合作建设旅游管理专业高水平专业群成果

#### 1.“双师型”建设

“双师型”教师是开展职业教育的重要师资力量，其能够在校企合作模式下开展创新研究与教学实践，具有学术研究和实践的双重身份。“双师型”教师能引领职业教育与技术变革和产业升级相适应。旅游管理专业高水平专业群现有专任教师22名，为广东省优秀教学团队，企业兼职教师15名，由企业高管组成，并接收TTT内训师培训考核后上岗，行业精英相融合，专兼职相结合的高水平教师队伍，为培养高素质应用型高级技术人才提供了强有力的师资保证。

表4–8　专业群师资荣誉一览表

| 团队荣誉称号 | 数量 |
|---|---|
| ■ 广东省优秀教学团队 | 1 |
| **个人荣誉称号** | **人数** |
| ■ 南粤优秀教师 | 2 |
| ■ 国家旅游局“万名旅游英才”之“双师型”教师 | 6 |

续表

| 团队荣誉称号 | 数量 |
| --- | --- |
| ■ 省高等学校“千百十工程”培养对象 | 3 |
| ■ 省优秀青年教师培养对象 | 1 |
| ■ 省技术创新能手 | 1 |
| ■ 省教育系统优秀共产党员 | 1 |
| ■ 省三八红旗手 | 1 |
| ■ 省高职院校高层次技能型兼职教师 | 1 |
| ■ 广东省旅游系统先进个人 | 1 |
| ■ 中国旅游教育杰出青年教师 | 1 |
| ■ 广东省金牌导游及旅游推广大使 | 1 |
| ■ 广东省技术能手 | 1 |
| ■ 河源市职工岗位技术能手 | 2 |

旅游管理专业高水平专业群的22名专任教师全部为初、中、高级“双师型”教师，同时引入了万绿湖风景区董事长、总经理、副总经理等13位企业导师。校企双方通过共建“双师型”教师团队，实行“优势互补、共同进步、相互培养”等共育共管模式，最大限度地发挥教师的主观能动性，营造“互助互利、协同合作”的氛围。一方面教学型教师可侧重实践经验积累，通过与企业教师或技术人才共同参与项目研发、改造、升级等工作，在实战中提升社会服务能力；另一方面企业兼职型教师则可以关注教研能力，通过一对一导师培训、教研活动，增强团队责任感及协作能力。

同时，学校实施专业教师下企业锻炼政策。旅游管理专业多位教师深入万绿湖风景区进行挂职锻炼，并取得一系列的成果。例如，冯四朵老师完成了广东省绿色生态旅游服务业标准化试点项目；曾惠华老师编写58个“一岗三责”岗位说明书、操作流程标准；杨红霞老师成功申报与万绿湖相关的两项国家旅游局项目。专业教师完成相关论文16篇、国家旅游局课题2项、省级课题6项、市级课题5项，以及省级教学成果奖1项。合作完成国家级精品课1门、省级精品课4门、校级精品课5门、优质课5门、混合式教学改革和思政课程10门。合作编写教材3部《旅行社计调业务》《旅游市场营销》《旅游服务礼仪》。

表 4-9　旅游管理专业群“双师型”教师

<table>
<tr><td rowspan="3">专业群教师基本情况</td><td></td><td>教师总人数</td><td>正高级</td><td>副高级</td><td>中级</td><td>初级</td><td>企业教师数</td><td>学校教师数</td><td>具有企业背景的学校教师数</td></tr>
<tr><td>教师数</td><td>38</td><td>3</td><td>5</td><td>10</td><td>7</td><td>13</td><td>25</td><td>22</td></tr>
<tr><td>占总人数比例</td><td>100%</td><td>7.9%</td><td>13.2%</td><td>26.32%</td><td>18.4%</td><td>34.2%</td><td>65.8%</td><td>57.89%</td></tr>
<tr><td rowspan="3">专业群人才培养基本情况</td><td></td><td>在校生总数</td><td colspan="2">其中：现代学徒制学生数</td><td colspan="2">其中：订单培养学生数</td><td colspan="2">与主要合作单位开展现代学徒制学生数</td><td>与主要合作单位开展订单培养学生数</td></tr>
<tr><td>人数（人）</td><td>905</td><td colspan="2">20</td><td colspan="2">145</td><td colspan="2">0</td><td>145</td></tr>
<tr><td>占总人数比例</td><td>100%</td><td colspan="2">2.2%</td><td colspan="2">16%</td><td colspan="2">0</td><td>16%</td></tr>
</table>

表 4-10　专业群专任教师简表

| 序号 | 姓名 | 学校教师 / 企业教师 | 职称 | 职务 | 承担教学 / 管理任务 |
| --- | --- | --- | --- | --- | --- |
| 1 | 袁光华 | 学校教师 | 教授 | 河源职业技术学院副校长、鸿客文旅创新学院顾问 | 指导学院各项工作开展、旅游英语教学 |
| 2 | 俞彤 | 学校教师 | 教授 | 工商管理学院院长、鸿客文旅创新学院院长（校方） | 学院管理旅游专业课程 |
| 3 | 周维国 | 企业教师 | 高级经济师 | 万绿湖董事长 | 制定旅游人才培养方案、指导毕业设计 |
| 4 | 周勇 | 企业教师 | 中级经济师 | 万绿湖总经理 | 制定旅游人才培养方案、指导毕业设计 |
| 5 | 张颖 | 学校教师 | 副教授 | 工商管理学院副院长、鸿客文旅创新学院副院长（校方） | 教学管理旅游专业课程 |
| 6 | 曾惠华 | 学校教师 | 讲师 | 校企合作办公室主任 | 协助鸿客文旅创新学院管理、专业课程教学 |
| 7 | 杨红霞 | 学校教师 | 副教授 | 旅游管理专业主任 | 制定旅游人才培养方案、专业课程教学 |
| 8 | 王凌晖 | 学校教师 | 讲师 | 酒店管理与数字化运营专业主任 | 制定酒店人才培养方案、专业课程教学 |

续表

| 序号 | 姓名 | 学校教师 / 企业教师 | 职称 | 职务 | 承担教学 / 管理任务 |
|---|---|---|---|---|---|
| 9 | 杨锦冰 | 学校教师 | 讲师 | 河职院客家菜师傅培训学院院长、烹饪工艺与营养专业主任 | 制定烹饪人才培养方案、专业课程教学 |
| 10 | 徐艟 | 学校教师 | 教授 | 农村电子商务专业主任 | 旅游电子商务 |
| 11 | 胡方 | 学校教师 | 博士后、副教授 | 客家文化学院院长、河职院博士后工作站站长 | 客家文化研究 |
| 12 | 杨亮 | 学校教师 | 副教授 | 教师 | 专业课程教学 |
| 13 | 伍新蕾 | 学校教师 | 副教授 | 教师 | 专业课程教学 |
| 14 | 史万莉 | 学校教师 | 讲师 | 教师 | 专业课程教学 |
| 15 | 黄蔚红 | 学校教师 | 讲师 | 教师 | 专业课程教学 |
| 16 | 余丽 | 学校教师 | 讲师 | 教师 | 专业课程教学 |
| 17 | 潘蕾 | 学校教师 | 讲师 | 教师 | 专业课程教学 |
| 18 | 谭健萍 | 学校教师 | 讲师 | 教师 | 专业课程教学 |
| 19 | 冯四朵 | 学校教师 | 助教 | 教师 | 专业课程教学 |
| 20 | 邱旭辉 | 学校教师 | 助教 | 教师 | 专业课程教学 |
| 21 | 吴雄昌 | 学校教师 | 讲师 | 教师 | 专业课程教学 |
| 22 | 谢剑锋 | 学校教师 | 助教 | 教师 | 专业课程教学 |
| 23 | 刘燕 | 学校教师 | 助教 | 教师 | 专业课程教学 |
| 24 | 黄勇强 | 学校教师 | 助教 | 教师 | 专业课程教学 |
| 25 | 李愈子 | 学校教师 | 讲师 | 教师 | 旅游英语 |
| 26 | 韩雨桐 | 学校教师 | 助教 | 教师 | 旅游电子商务 |
| 27 | 邝国辉 | 企业教师 |  | 万绿湖副总经理 | 旅游美学 |
| 28 | 梁国新 | 企业教师 |  | 万绿湖副总经理 | 专业实习 |
| 29 | 肖琳华 | 企业教师 |  | 万绿湖副总经理 | 旅行社经营与管理 |
| 30 | 古建新 | 企业教师 |  | 万绿湖行政人事部经理 | 人力资源管理 |
| 31 | 江剑锋 | 企业教师 |  | 万绿湖市场营销部经理 | 旅游市场营销 |
| 32 | 周捷航 | 企业教师 |  | 万绿湖导游服务中心经理 | 导游业务 |
| 33 | 李建庭 | 企业教师 |  | 万绿湖办公室主任 | 认知实习 |
| 34 | 杨辉源 | 企业教师 |  | 万绿湖保安组经理 | 毕业实习 |

续表

| 序号 | 姓名 | 学校教师/企业教师 | 职称 | 职务 | 承担教学/管理任务 |
|---|---|---|---|---|---|
| 35 | 王锦辉 | 企业教师 | | 万绿湖安全办经理 | 毕业实习 |
| 36 | 古龙 | 企业教师 | | 万绿湖风景区管理部经理 | 毕业实习 |
| 37 | 古远婵 | 企业教师 | | 万绿湖验票组经理 | 认识实习 |

2. 校企共建科研项目及成果

2017—2024年期间，双方的校企合作在科研项目方面也获得了一系列的成果。校企双方联合申报省、市、校各级课题30多项，其中省级及以上课题13项，市级以上课题20项；校企双方发表科研论文33篇，其中核心期刊3篇、EI检索4篇，一般期刊30篇。同时，校企双方共同推动科研成果的转化和应用，将高校的科研成果转化为企业的实际生产力，更好地服务企业。

**表4–11 校企共建标志性科研项目一览表（部分课题示例）**

| 序号 | 成果名称 | 项目负责人 | 立项单位（文件落款单位） | 立项文件（文号） |
|---|---|---|---|---|
| 1 | 省级：2023年度广东省普通高校创新团队项目（人文社科）：数智文旅应用与标准化研究协同创新团队 | 张颖 | 广东省教育厅 | 粤教科函〔2023〕 |
| 2 | 省级：2023年度教育科学规划课题（高等教育专项）：时代新人铸魂工程下思政浸润高职旅游类在线精品课程建设的研究与实践 | 伍新蕾 | 广东省教育科学规划领导小组办公室 | 立项通知 |
| 3 | 省级：基于生态位及DEA模型的广东旅游发展态势及经营效率研究 | 张颖 | 广东省教育厅 | 粤社科规划办通〔2019〕15号 |
| 4 | 省级：基于共生理论的河源古驿道演变、传承与活化 | 杨亮 | 广东省教育厅 | 粤教科函〔2019〕67号 |
| 5 | 省级：广东乡村民宿集群驱动乡村振兴模式、影响机制及践行路径研究 | 冯四朵 | 广东省教育厅 | 粤教科〔2022〕5号 |
| 6 | 省级：2022年度教育教学改革项目："三全育人"理念下广东高职商贸类专业课程思政教育体系建设的动力机制和实践路径研究 | 冯四朵 | 广东省高等职业院校商贸类专业教学指导委员会 | 粤高职商贸教指委〔2023〕5号 |
| 7 | 省级：产业融合趋势下粤北山区温泉文旅资源整合与品牌建设研究 | 伍新蕾 | 广东省教育厅 | 粤教科函〔2019〕67号 |
| 8 | 省级：课程思政浸润高职旅游类在线精品课程建设的研究与实践 | 伍新蕾 | 广东省教育厅 | 粤教职函〔2024〕34号 |

续表

| 序号 | 成果名称 | 项目负责人 | 立项单位（文件落款单位） | 立项文件（文号） |
|---|---|---|---|---|
| 9 | 省级：服务于“百千万工程”的广东高职乡村旅游人才培养路径研究 | 冯四朵 | 广东省高等教育学会 | 粤高教学会〔2024〕3号 |
| 10 | 省级：校企合作、产教融合背景下高职院校产业学院多元协同育人模式改革与实践研究 | 余丽 | 中国商业技师学院 | 中商技〔2023〕9号 |
| 11 | 省级：民盟广东省委会：深化产教融合，促进我省职业教育高质量发展（重点课题）（2022） | 曾惠华 | 中国民主同盟广东省委员会 | 任务通知书 |
| 12 | 省级：基于“多维融合、产教共享”高职旅游类扩招学生精准培育体系探索与实践 | 张颖 | 广东省高等职业院校旅游大类专业教学指导委员会 | 粤高职旅游教指委〔2021〕4号 |
| 13 | 省级：传承的困境：河源市非物质文化遗产传承人现状调查报告 | 杨亮 | 广东省共青团广东省委员会 | pdjh2019b0887 |
| 14 | 市级课题：“文旅融合”赋能河源乡村振兴的作用机制与实施路径研究 | 张颖 | 河源市社会科学界联合会 | 河社科规〔2022〕10号 |
| 15 | 市级课题：疫情防控常态化背景下“云旅游”提升河源城市形象塑造力的实证研究 | 伍新蕾 | 河源市社会科学界联合会 | 河社科规〔2022〕9号 |
| 16 | 市级：红色（革命）文化在河源的传承实践——以红色旅游资源讲解词的创新为例 | 杨红霞 | 河源市社会科学界联合会 | 河社科规〔2021〕19号 |
| 17 | 市级：共享经济背景下河源民宿标准化建设现状与对策研究 | 冯四朵 | 河源市社会科学界联合会 | 河社科规〔2021〕18号 |
| 18 | 市级：乡村振兴背景下河源非物质文化遗产保护与开发利用路径研究 | 冯四朵 | 河源市社会科学界联合会 | 河社科规〔2023〕128号 |
| 19 | 校级：乡村振兴视阈下的河源传统村落保护现状 | 胡方 | 河源职业技术学院 | 河源职院〔2020〕4号 |
| 20 | 校级课题：课程思政浸润下高职旅游类精品在线开放课程建设的研究与实践 | 伍新蕾 | 河源职业技术学院 | 河职院科〔2021〕12号 |
| 21 | 校级课题：“百千万工程”背景下非物质文化遗产赋能乡村振兴的机理、困境及路径研究 | 冯四朵 | 河源职业技术学院 | 河职院科〔2024〕9号 |

**表 4-12 校企共建标志性科研成果——科研论文（部分）**

| 序号 | 论文题目 | 发表期刊 | 发表时间 | 作者 | 作者单位 |
|---|---|---|---|---|---|
| 1 | 地方餐厅的无地方性机理研究——以广东河源客家菜餐厅为例 | 热带地理 | 2023 | 杨亮，曾国军，张杨 | 河源职业技术学院 |
| 2 | 食物与身体感：渊源、理论与演化 | 美食研究 | 2022 | 杨亮，张杨，曾国军 | 河源职业技术学院 |

续表

| 序号 | 论文题目 | 发表期刊 | 发表时间 | 作者 | 作者单位 |
| --- | --- | --- | --- | --- | --- |
| 3 | 顺德居民对地方美食旅游价值感知研究 | 美食研究 | 2020 | 杨亮，张杨 | 河源职业技术学院 |
| 4 | 产教融合背景下“工匠型”旅游人才培育研究 | 会议论文 | 2018 | 张颖 | 河源职业技术学院 |
| 5 | 乡村振兴战略背景下的茶旅融合发展研究 | 四川旅游学院学报 | 2019 | 张颖 | 河源职业技术学院 |
| 6 | “1+X”证书制度下高职旅游管理专业“岗课赛证”融通教育体系研究 | 科技风 | 2024 | 冯四朵 | 河源职业技术学院 |
| 7 | 民宿集群对乡村振兴的影响及路径优化——以惠州市南昆山民宿为例 | 中南农业科技 | 2024 | 冯四朵 | 河源职业技术学院 |
| 8 | 河源漳溪畲族乡乡村旅游发展研究 | 中国管理信息化 | 2020 | 周维国，冯四朵等 | 万绿湖风景区；河源职业技术学院 |
| 9 | 基于模糊评价模型的旅游企业标准化服务效益研究 | 资源开发与市场 | 2020 | 周维国，冯四朵 | 万绿湖风景区；河源职业技术学院 |
| 10 | 基于服务创新过程的员工与顾客管理策略研究 | 企业改革与管理 | 2020 | 周维国 | 万绿湖风景区 |
| 11 | 万绿湖国家湿地公园旅游小商户满意度调查研究 | 特区经济 | 2020 | 周维国 | 万绿湖风景区 |
| 12 | 乡村振兴战略背景下广东省乡村旅游人才开发与管理的探讨 | 旅游纵览 | 2022 | 周维国 | 万绿湖风景区 |
| 13 | 中国城镇化进程对旅游经济发展的影响 | 旅游纵览 | 2022 | 周勇 | 万绿湖风景区 |
| 14 | 关于自然保护区生态旅游管理对策的探讨 | 风景名胜 | 2020 | 周勇 | 万绿湖风景区 |
| 15 | 基于网络评价的万绿湖景区游客满意度提升策略 | 当代旅游 | 2024 | 周勇 | 万绿湖风景区 |
| 16 | 基于产品受众分析与预测的地方微旅游资源整合应用研究——以河源市为例 | 科技和产业 | 2023 | 伍新蕾，徐沛 | 河源职业技术学院 |
| 17 | 智慧旅游背景下微旅游产品认知与消费意向特征研究——以广州市为例 | 经济论坛 | 2023 | 伍新蕾，徐沛 | 河源职业技术学院 |
| 18 | 课程思政浸润下精品在线开放课程建设探索——以“旅游服务心理学”为例 | 现代商贸工业 | 2022 | 伍新蕾 | 河源职业技术学院 |

续表

| 序号 | 论文题目 | 发表期刊 | 发表时间 | 作者 | 作者单位 |
|---|---|---|---|---|---|
| 19 | 民宿微景区化集群开发与网络口碑研究——以河源市民宿为例 | 科技和产业 | 2021 | 张颖 | 河源职业技术学院 |
| 20 | 危机事件视域下的旅游经济重建与效率评价研究——以广东省 21 个地级城市为例 | 对外经贸 | 2020 | 张颖 | 河源职业技术学院 |
| 21 | 基于生态位理论的弱势旅游地发展态势及开发策略研究——以粤北山区为例 | 科技和产业 | 2019 | 张颖 | 河源职业技术学院 |
| 22 | 粤北生态发展区乡村环境协同治理体系构建 | 湖北农业科学 | 2020 | 杨亮 | 河源职业技术学院 |
| 23 | 基于旅游地生命周期理论的社区居民旅游感知研究——以高埔岗旅游聚集区为例 | 特区经济 | 2020 | 杨亮 | 河源职业技术学院 |
| 24 | 广东省河源市非遗活化利用助力乡村振兴的问题及实践路径 | 中南农业科技 | 2024 | 冯四朵 | 河源职业技术学院 |
| 25 | 区域温泉旅游产品游客感知价值及产品优化研究——以广东省河源市为例 | 无锡商业职业技术学院学报 | 2023 | 冯四朵 | 河源职业技术学院 |
| 26 | 基于居民旅游影响感知的社区治理研究——以河源市埔前镇为例 | 科技和产业 | 2022 | 冯四朵 | 河源职业技术学院 |
| 27 | 城市旅游形象感知对游客行为的影响研究——以广东河源市为例 | 特区经济 | 2021 | 冯四朵，杨亮 | 河源职业技术学院 |
| 28 | 赣深高铁开通对河源旅游业发展的影响预测——基于 GM(1，1) 模型 | 科技和产业 | 2022 | 冯四朵 | 河源职业技术学院 |
| 29 | 数字化文旅融合背景下导游词创作方法研究 | 湖州职业技术学院学报 | 2024 | 杨红霞 | 河源职业技术学院 |
| 30 | 高职旅游管理专业实践教学体系设计与实践 | 辽宁高职学报 | 2019 | 朱智，杨亮，杨红霞 | 河源职业技术学院 |
| 31 | 红色文化的传承与实践——以河源红色旅游资源讲解词的创新为例 | 特区经济 | 2022 | 杨红霞 | 河源职业技术学院 |
| 32 | 全域旅游背景下江东新区旅游资源评价与分析 | 特区经济 | 2019 | 杨红霞 | 河源职业技术学院 |
| 33 | 梅州客家非物质文化遗产探析与旅游开发路径研究 | 度假旅游 | 2018 | 杨红霞 | 河源职业技术学院 |

### 3. 校企共建教材及课程资源

2017—2024年期间，双方的校企合作在科研项目方面也获得了一系列的成果：包括校企联合开发在线培训国家级精品课1门，省级精品课1门，并合作建设在线开放课程10门（混合式教学改革课程）、课程思政示范课5门；在教改科研方面，联合申报国家级精品课程1门，获得立项；联合编写教材3部；校企共同开发专业人才培养方案，校企共同制定2022级、2023级旅游管理专业人才培养方案；共同开发和完善《导游业务》《旅游服务礼仪》《旅游市场营销》《旅行社计调业务》4门专业课程教学标准；校企共同开发和完善《客家文化概论》《职业素养》《茶文化与茶艺》《导游词写作》《旅游英语口语》《旅游电子商务》《旅游服务心理学》《素菜制作工艺》等10余门专业课程。

表4-13　教材及课程资源一览表

| 序号 | 成果名称 | 项目负责人 | 立项单位（文件落款单位） | 立项文件（文号） |
| --- | --- | --- | --- | --- |
| 1 | 国家级：2022年职业教育国家在线精品课程："旅行社计调业务" | 张颖 | 教育部 | 2022年12月教育部公示；2023年1月教育部公告 |
| 2 | 国家级：国家"十四五"规划教材：《旅游社计调业务》（第二版） | 张颖 | 教育部 | 教职成厅函〔2023〕19号 |
| 3 | 省级：2021广东省教育教学成果奖：二等奖 | 张颖 | 广东省教育厅 | 粤教人函〔2022〕13号 |
| 4 | 1+X证书：1+X研学旅行策划与管理（EEPM）证书 | 杨红霞 | 广东省教育厅 | 协议 |
| 5 | 教材:《旅游市场营销》第三版（2022） | 张颖、伍新蕾 | 东北财经大学出版社 | 教材 |
| 6 | 教材:《旅行社经营与管理》（第二版） | 杨红霞、张颖 | 清华大学出版社 | 教材 |
| 7 | 教材:《服务礼仪与形体训练》（第三版）（2023） | 伍新蕾 | 东北财经大学出版社 | 教材 |
| 8 | 教材:《旅游服务心理学》（2023） | 伍新蕾 | 东北财经大学出版社 | 教材 |
| 9 | 省级：2023年度省高职精品在线开放课程验收通过："旅游服务心理学" | 伍新蕾 | 广东省教育厅 | 粤教职函〔2023〕44号 |
| 10 | 省级：2023年广东省高职院校课程思政示范课程1门"旅游服务心理学" | 伍新蕾 | 广东省教育厅 | 粤教职函〔2023〕45号 |
| 11 | 省级：广东省高职院校课程省级精品课程1门"旅行社经营与管理" | 杨红霞 | 广东省教育厅 | 在线资源库 |
| 12 | 专著：高职院校高水平专业群建设探索与实践 | 俞彤 | 郑州大学出版社 | 出版合同 |

## 五、校企合作典型项目

### （一）世界职业院校技能大赛

2023 年，万绿湖风景区开启了系列“非遗”节目展演；2023 年，校企成立河职院·万绿湖文创产业学院；2024 年 6 月 19 日成立河源职业技术学院—广东万绿湖文化旅游投资有限公司校企合作专班。校企双方在文化内涵建设方面合作愈加深入，也为河职院旅游管理专业参加世界职业院校技能大赛的作品融入河源非物质文化遗产带来丰富的灵感。

1. 项目介绍

世界职业院校技能大赛由“全国职业院校技能大赛”升级而来，是教育部牵头、联合国家部委和事业组织举办的一项公益性、国际性职业院校综合技能竞赛，是我国职业教育一项重大制度设计和创新，是举办历史最久、联合主办部委最全、赛项数量最多的世界性综合技能赛事。2024 年，大赛以“技炫青春能创未来”为主题，结合国家产业发展方向、重点行业、民生福祉密切相关产业和生产实践需要，共设置 42 个赛道。大赛总决赛分争夺赛、排位赛、冠军总决赛三个阶段进行，其中争夺赛在全国各地 32 个赛区举行，排位赛、冠军总决赛将在天津赛区举行。

河源职业技术学院参赛队代表广东省参加了 2024 年世界职业院校技能大赛总决赛争夺赛“旅游赛道一”（研学旅行小组）比赛，该参赛队由 22 级旅游管理叶淇、23 级音乐教育吴晓彤、欧晓洋三位同学组成，由旅游管理专业杨红霞、冯四朵两位老师共同指导。

2. 项目内容

（1）竞赛内容

参赛队伍根据工作任务，按团队成员分工，同步进行技能操作和现场讲解。技能操作重点展示专业技能熟练程度、规范程度以及解决技术难题的创新能力，现场讲解主要介绍总体思路、技能要点、主要成果、项目创新等。争夺赛（含国际组）须完成一个完整的工作任务，每项比赛时长可由各参赛队伍根据项目实际需要确定，不超过 1 小时，在技能操作的同时，对关键技术环节安排适当讲解。争夺赛现场具体实施由承办赛区组织，小组（含争夺赛阶段各赛道小组内根据需要所设的平行组）内各参赛队依次比赛，每个工位全程录像。争夺赛赛道小组（赛项）第一名比赛录像视频须通过大赛信息化服务平台提交大赛执委会备案。

排位赛、冠军总决赛每项比赛时长为10分钟，重点展示核心技能和关键环节。

表4-14　大赛评分表

| | | | |
|---|---|---|---|
| 赛区 | | 比赛阶段 | |
| 赛道名称 | | 小组 | |
| 平行级别 | 第　　组 | 顺序号 | |
| 评价标准<br>一级指标 | 二级指标 | | 得分 |
| 技能水平<br>（60分） | 1. 熟练掌握本专业或工作岗位的技能。<br>2. 技能操作规范，符合行业和岗位标准。<br>3. 具备较高的技能操作水平及解决复杂问题的综合能力。 | | |
| 职业素养<br>（10分） | 1. 展现较好的职业伦理，具有工匠精神。<br>2. 展现学校对学生全面培养、基本素养培育和成长发展的成效。<br>3. 展现职业教育育人成果，体现产教融合、科教融汇。 | | |
| 应用价值<br>（10分） | 1. 有助于解决生产一线实际问题或现实困难。<br>2. 能够促进职业学校学生高质量就业，包括直接间接推动扩大就业规模等。<br>3. 对推动产业转型升级、区域经济发展、乡村振兴、城市社区治理、城乡融合发展等具有积极作用。<br>4. 符合绿色低碳节能的可持续发展理念，有利于改善人民生活、提升人民生活质量。 | | |
| 团队合作<br>（10分） | 1.团队成员能够准确理解共同目标和任务，清楚自己的角色定位和职责。<br>2. 团队成员在比赛中能够有效沟通、紧密协作。<br>3. 团队成员能够相互补台，共同应对突发情况。<br>4. 团队成员相互尊重、信任和支持，拥有良好的团队氛围。 | | |
| 创新创意<br>（10分） | 1. 体现原始创新、创新。<br>2. 体现面向职业和岗位的创意及创新，侧重于加工工艺创新、实用技术创新、产品（技术）数字化改良。应用性优化、民生类创意等。<br>3. 体现团队成员创新精神和创新能力。 | | |
| 总分 | | | |
| 项目整体评价 | （简要说明该项目及选手技能操作的优点和不足；此栏必填） | | |

裁判签名：　　　　　　　　　　　　　　　　　　　　日期：　　年　　月　　日

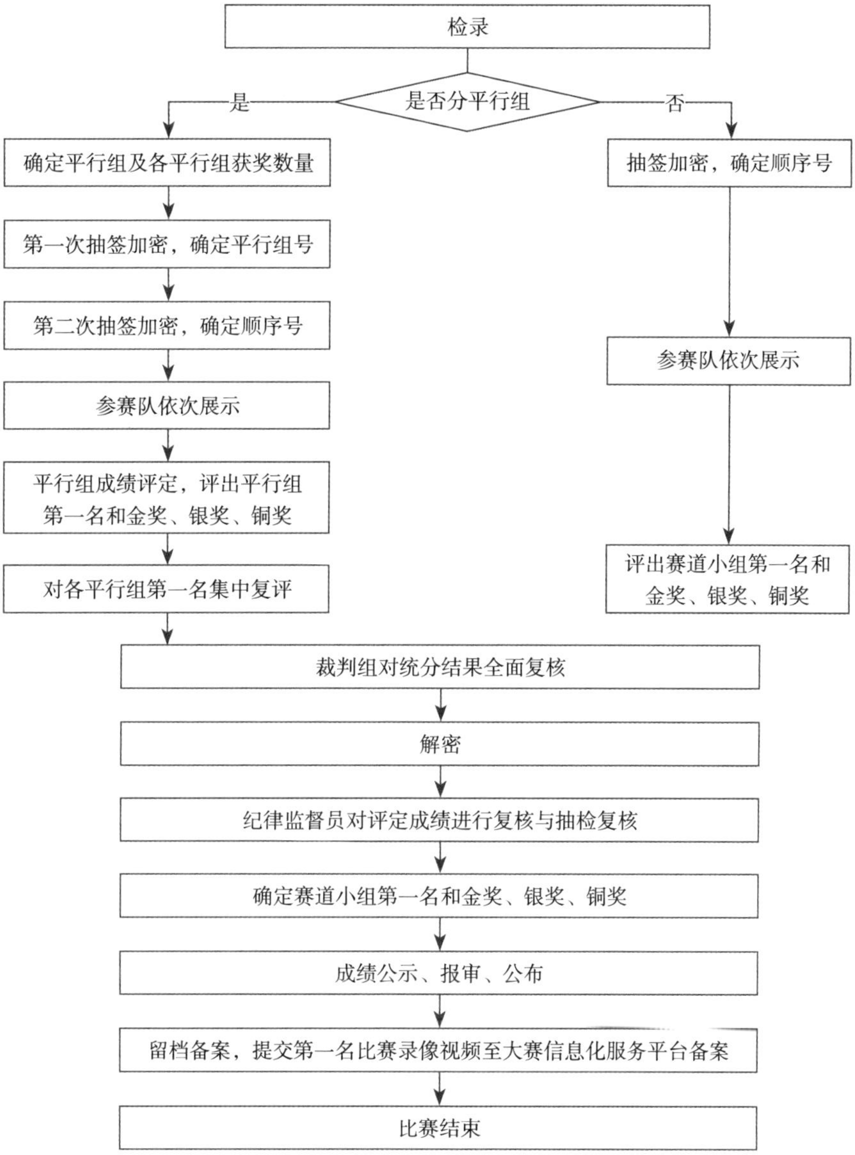


**图 4–20　争夺赛国内组成绩管理基本流程图**

（2）参赛内容

①作品简介

参赛作品项目展示的是一个完整的研学课程，主题为“花灯里的中国式浪漫”。课程以传统花灯与 3D 打印花灯导入，融合中国传统美学、绘画、书法、工匠精神与科技赋能，揭示本次课程的意义；以“非遗技艺制作花灯”为教学任务，现场演示花灯的扎架、剪纸、描画及裱糊四个制作流程，展现研学指导师的职业素养、文化自信和专业水平；以3D打印花灯作为辅助性教学成果，呈现科技魅力与科教融汇。

课堂全程贯穿国家级非遗花灯的项目式教学，融合多学科STEM教育，引导学生通过观察、实操、设计和分析，体验知识应用的乐趣，掌握传统技术的应用，领悟科学技术的魅力，深化对文化传承的理解，真正达到“研有所思、学有所获、旅有所感、行有所成”的目标，切实提升核心素养。

②作品亮点

**凸显非遗中的家国情怀**

作品选取国家级非遗“忠信花灯制作技艺”为研学内容，以“何为中国式浪漫”为线索，深入挖掘花灯背后客家人的家国情怀，升华花灯非遗的文化意义。

**将传统技艺与现代科技相融合**

技术上，融入3D打印，实现传统技艺与新科技新技术的创新融合。使用3D打印进行花灯的设计，将前沿的制造技术与传统的花灯工艺相结合，其难点是将花灯复杂的多色图型转换为工程软件的实体模型数据，并实施于3D打印设备制造出来。为了将花灯的结构设计更加合理、高效，并满足易于装配，项目组重新将花灯的骨架进行了结构设计，使其具备塑料产品的装配性能和结构强度，大大提高了结构可靠性。

**表现形式多样**

在表现形式上，加入地方特色艺术，在保证专业性、创新性的同时，增强了这60分钟展示的可看性，起到良好效果。

3. 项目效果

经过激烈角逐，河源职业技术学院参赛队在全国高职院校63支队伍236名选手中脱颖而出，成功获得金奖。

| 序号 | 省（区、市） | 学校 | 姓名 | 指导教师 |
|---|---|---|---|---|
| 1 | 浙江省 | 浙江旅游职业学院 | 葛璐滢，余书一，陈盛煊，赵佳慧 | 边喜英，侯晓宇 |
| 2 | 广东省 | 河源职业技术学院 | 叶淇，欧晓洋，吴晓彤 | 杨红霞，冯四朵 |
| 3 | 河南省 | 郑州旅游职业学院 | 何萧萧，李树树，喻舒薇，周佳茜 | 藏思，李俊 |
| 4 | 广东省 | 广东科学技术职业学院 | 林蕊，关善尹，曾秀婷，刘子龙 | 朱瀚，魏微 |
| 5 | 浙江省 | 金华职业技术大学 | 胡一宁，刘鑫鑫，闻城浩，戴诗怡 | 施丽珍，杨蕾 |
| 6 | 山东省 | 青岛酒店管理职业技术学院 | 胡紫涵，武晓凡，王惠敏，魏英华 | 石媚山，朱丽男 |

图4-21　“研学旅行”赛项金奖获奖名单

图 4–22　金奖颁奖典礼

图 4–23　金奖证书及奖牌

图 4-24　河职院表彰颁奖典礼

## （二）万绿湖风景区创 AAAAA 服务质量提升工程

1. 项目介绍

河源职业技术学院与万绿湖风景区合作的“万绿湖风景区创 AAAAA 服务质量提升工程”自 2013 年开始实施，迄今共合作了 12 年。校企双方为贯彻落实国家大力发展职业教育的精神，促进河源旅游业的发展，加快景区设施设备升级改造及服务管理水平的提升，充分实现资源共享和优势互补推进学校人才培养模式改革，提高企业的竞争力，形成校企共生发展格局，双方在校外实训基地、人力资源培训、文化传播、营销宣传和课题研究等项目方面进行合作。

自 2017 年，校企双方的合作进入“四联协调”产教融合育人模式以后，“万绿湖风景区创 AAAAA 服务质量提升工程”的服务内容也更加丰富和全面。学校科技服务对象企业从最初的广东万绿湖旅游经营管理有限公司，扩展到 2021 年服务的 4 个公司，分别是：广东万绿湖文化旅游投资有限公司、广东省新丰江万绿湖镜花缘旅游有限公司、河源市万绿谷实业发展有限公司、东源县万绿湖水月湾旅游发展有限公司。

表 4–15　近几年万绿湖风景区创 AAAAA 服务质量提升工程列表

| 时间 | 项目名称 | 负责人 | 服务内容 | 费用（元） | 服务对象 |
| --- | --- | --- | --- | --- | --- |
| 2017 年 | 万绿湖风景区创 AAAAA 服务质量提升工程 | 曾惠华 | 河源职业技术学院科技服务合同 | 15000 | 广东万绿湖旅游经营管理有限公司 |
| 2018 年 | 万绿湖风景区创 AAAAA 服务质量提升工程 | 曾惠华 | 河源职业技术学院科技服务合同 | 30000 | |
| 2019 年 | 万绿湖风景区创 AAAAA 服务质量提升工程 | 曾惠华 | 河源职业技术学院科技服务合同 | 30000 | |
| 2021 年 | 万绿湖风景区创 AAAAA 服务质量提升工程 | 曾惠华 | 河源职业技术学院科技服务合同 | 168000 | 广东万绿湖旅游经营管理有限公司、广东省新丰江万绿湖镜花缘旅游有限公司、河源市万绿谷实业发展有限公司、东源县万绿湖水月湾旅游发展有限公司 |
| 合计 | | | | 243000 | |

2. 项目内容

“万绿湖风景区创 AAAAA 服务质量提升工程”项目每次服务时间为一年，“万绿湖风景区创 AAAAA 服务质量提升工程”的内容主要集中在企业服务质量培训和提升方面，具体内容如下：

（1）提供一定数量的专项培训。

（2）根据创 5A 新标准，对企业开展软服务暗访、抽查，给予相应的业务指导和管理咨询服务。

（3）学校派出一名专业老师负责“河职院旅游协会——导游精英部”的正常运作，确保对导游的培训不少于 6 次，在校期间每星期六、日派出的学生赴甲方景区帮工人数不少于 3 人次 / 天（如遇学生参加全国导游人员资格考试无法赴景区或景区需求超过 3 人次，则双方协商一致下做妥善的安排）。平时以学生组长负责组织和监督学生到岗和质量监控工作，企业给予充分的支持与配合。

（4）对于暑假、寒假期间需要导游，应提前一个月沟通，将帮工需求以正式方式知会学校，派出的导游，甲方要提供导游的吃住，确保他们的安全。

（5）在双向选择及尊重学生意愿的基础上，学校应为甲方输送德、智、体全面发展的优秀学生，供企业选拔和录用。

（6）根据企业的需求及学校资源情况，为学校校园宣传等提供场地及相关工作人员。

（7）学校配合企业需求及时组织召开万绿湖研究会等相关研讨活动。

3. 项目效果

通过校企合作连续多年开展的万绿湖风景区创 AAAAA 服务质量提升工程，助力万绿湖风景区创 5A 级旅游景区建设，并获得良好的效果。通过万绿湖风景区创 AAAAA 服务质量提升工程，增强了景区工作人员的理论知识及业务知识，强化了服务意识，进一步提升了景区服务质量，为万绿湖创建国家 5A 级旅游景区打下了良好基础，也为推动全市旅游景区服务质量提升贡献了应尽力量。

（1）显著提升万绿湖风景区服务质量

通过校企合作，景区的服务质量得到了全面提升。例如，通过万绿湖风景区创 AAAAA 服务质量提升工程，对景区全体员工开展一系列的培训，包括专业知识、服务技能、服务质量、文化传播、营销宣传和课题研究等方面，通过针对性的培训课程和教学方法，有效地提高了景区员工的服务质量和专业素养，从而促进了景区的高质量发展，为创建国家 5A 级旅游景区打下了坚实的基础。在 2022 年广东省文旅厅第三方调研中，景区的服务质量获得 4A 级景区排名第一。

2023 年，万绿湖风景区接待游客 245.75 万人次，收入达 1.1 亿元，同比增长 108%。而 2024 年春节游客接待量更是达到 22.65 万人次，同比增长 30%。数字的变化，不仅体现了万绿湖风景区的环境吸引力和硬件水平的完善，更是万绿湖服务质量的提升。

（2）全面提高万绿湖风景区的满意度

通过校企合作连续多年开展的万绿湖风景区创 AAAAA 服务质量提升工程，组织对员工服务质量、景区硬件进行针对性整改，万绿湖风景区整体满意度得到了全面提高，为创建国家 5A 级旅游景区打下坚实的基础。例如，2021 年度广东省旅游景区游客满意度大数据调查报告发布，万绿湖风景区在全省 A 级旅游景区中脱颖而出，获得两个“第一”。一个是在全省 A 级旅游景区满意度排名中，万绿湖风景区以满意度 98.22% 排名第一。

| 序号 | 景区名称 | 城市 | 总评 | 满意度 | 星级 |
| --- | --- | --- | --- | --- | --- |
| 1 | 河源市万绿湖风景区 | 河源市 | 2753 | 98.22% | 4A |
| 2 | 广州从化碧水湾温泉度假村 | 广州市 | 1274 | 96.08% | 4A |
| 3 | 佛山市广东盈香生态园 | 佛山市 | 1852 | 95.63% | 4A |
| 4 | 深圳市仙湖植物园 | 深圳市 | 569 | 94.73% | 4A |
| 5 | 清远市连州地下河旅游景区 | 清远市 | 1034 | 94.00% | 5A |
| 6 | 广州市长隆旅游度假区 | 广州市 | 24873 | 93.39% | 5A |
| 7 | 肇庆市星湖旅游景区 | 肇庆市 | 1592 | 93.28% | 5A |
| 8 | 深圳市观澜山水田园农庄景区 | 深圳市 | 506 | 92.29% | 4A |
| 9 | 广州动物园 | 广州市 | 743 | 91.92% | 4A |

图 4–25　2021 年度广东省 A 级旅游景区满意度综合排名

另一个是在分等级满意度排名总评热度大于 500 的 4A 级景区中，万绿湖风景区排名第一，景区满意度 98.22%。

| 序号 | 景区名称 | 城市 | 好评 | 中评 | 差评 | 总评 | 满意度 |
|---|---|---|---|---|---|---|---|
| 1 | 河源市万绿湖风景区 | 河源市 | 2704 | 23 | 26 | 2753 | 98.22% |
| 2 | 广州从化碧水湾温泉度假村 | 广州市 | 1224 | 29 | 21 | 1274 | 96.08% |
| 3 | 佛山市广东盈香生态园 | 佛山市 | 1771 | 50 | 31 | 1852 | 95.63% |
| 4 | 深圳市仙湖植物园 | 深圳市 | 539 | 19 | 11 | 569 | 94.73% |

图 4–26　2021 年度总热度大于 500 的 4A 级景区满意度排名 TOP10

（3）促进校企“四链协调”产教融合育人模式的深入发展

校企合作的万绿湖风景区创 AAAAA 服务质量提升工程促进了“四链协调”产教融合育人模式的深入发展。例如，河源职业技术学院与万绿湖风景区通过该工程，向景区输送高质量实习生，并对“河职院旅游协会——导游精英部”的成员进行定期培训，不仅提升了学生的讲解技能，还为景区提供了高质量的实习生和人才，有效地推动了河源职业技术学院专业人才培养能力的提升。此外，通过实习实践，有效地推进了河源职业技术学院旅游管理专业实践教学中的实践教育和思政教育，达到了全面育人的效果。例如，旅游管理专业与万绿湖的合作，有效地推进了旅游管理专业实践教学中的思政教育，起到了“润物细无声”的效果。综上所述，校企合作的万绿湖风景区创 AAAAA 服务质量提升工程在提升企业服务质量、促进产教融合、服务地方旅游经济以及在思政教育等方面取得了显著成效。

（4）提升企业经济质量，有利于促进企业市场拓展与品牌传播发展

校企合作的万绿湖风景区创 AAAAA 服务质量提升工程服务并促进地方旅游经济的发展。通过与万绿湖风景区企业的合作，培养了具有地方特色的旅游技能型人才，提升了万绿湖风景区的服务能力和服务水平，同时也提高了师资团队服务行业企业的能力和影响力。同时，通过该质量提升工程，企业可以参与学校的科研项目、举办讲座或论坛等活动，可以加强企业与学校师生的互动和交流，拓展潜在客户群体。另外，借助学校的品牌影响力和社会资源，企业可以提升自身的知名度和美誉度。

## 六、企业发展及所获成果

校企合作对景区的提升效果显著，主要体现在提升景区服务质量、提高景区文化内涵、提高景区知名度与美誉度，以及促进景区与高校的资源共享和发展双赢。首先，校企合作通过事先对参与服务的人员进行严格的培训和选拔，确保他们不仅对景区的

历史背景、建筑特色、文化内涵等方面有深入的了解，还掌握了一套生动有趣的讲解技巧。这种专业化的服务能够提升游客的体验，使游客对景区有更加全面和深刻的认识，从而增强景区的吸引力。企业开发运营的万绿湖风景区以其特有的生态环保旅游得到社会各界的认可，目前已成为全省生态旅游的热点之一，并先后荣获“承诺诚信单位”“广东省青年文明号”“全国巾帼文明岗”“全国青年文明号”“广东省十佳森林生态旅游景区”“广东省林业龙头企业”“中国休闲悠优奖”“广东人最喜爱目的地”等荣誉称号。文化和旅游部 2002 年对风景区进行国家 AAAA 级旅游区评时评价：“万绿湖风景区是全国水库旅游开发的典范”。2020 年获得“中国天然氧吧”；2023 年 10 月万绿湖风景区被评为河源市唯一一个广东省少先队校外实践教育基地，并于 2023 年 11 月入选全国 38 个美丽河湖优秀案例名单；2024 年 2 月万绿湖被评为广东省中小学生研学实践教育基地（自然生态板块）。具体荣誉如表所示。

**表 4–16　万绿湖风景区历年来所获荣誉**

| 序号 | 获奖称号 | 颁奖单位 | 时间 | 佐证材料 |
| --- | --- | --- | --- | --- |
| 1 | 2015 年度最佳合作伙伴 | 万绿湖美思威尔顿酒店 | 2016.1 |  |
| 2 | 广东省诚信示范企业 | 广东省企业联合会、广东省企业家协会 | 2016.5 |  |

续表

| 序号 | 获奖称号 | 颁奖单位 | 时间 | 佐证材料 |
| --- | --- | --- | --- | --- |
| 3 | 东源县文明窗口 | 东源县精神文明建设委员会 | 2017.3 |  |
| 4 | 十佳环境好评景区 | 广东省景区行业协会 | 2017 |  |
| 5 | 创建国家5A旅游景区知识竞赛二等奖 | 河源新丰江万绿湖风景区管理委员会 | 2017.9 | 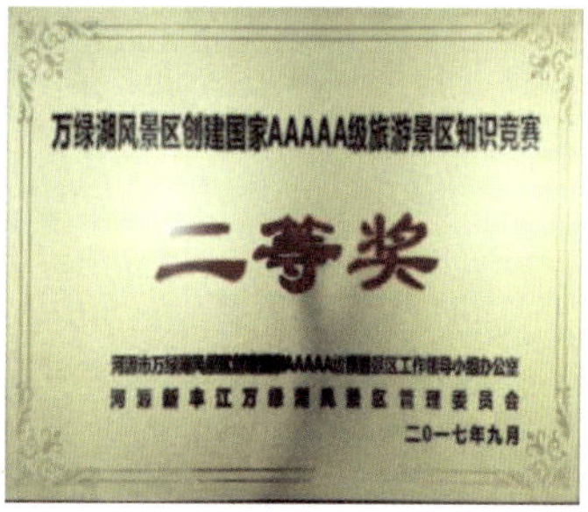 |
| 6 | 广东省旅游工作先进集体 | 广东人力资源和社会保障、广东省旅游局 | 2017.12 |  |
| 7 | 2017年国际旅游文化小姐大赛河源赛区“华美杯”联合协办单位 | 2017年国际文化小姐大赛河源赛区组委会、河源市旅游局、河源市中小企业商会 | 2017.11 |  |

续表

| 序号 | 获奖称号 | 颁奖单位 | 时间 | 佐证材料 |
|---|---|---|---|---|
| 8 | 河源特色美景（生态类） | 河源市旅游局、河源日报社 | 2018.1 |  |
| 9 | 环境管理体系认证证书 | 广东中认联合认证有限公司 | 2018.9 | 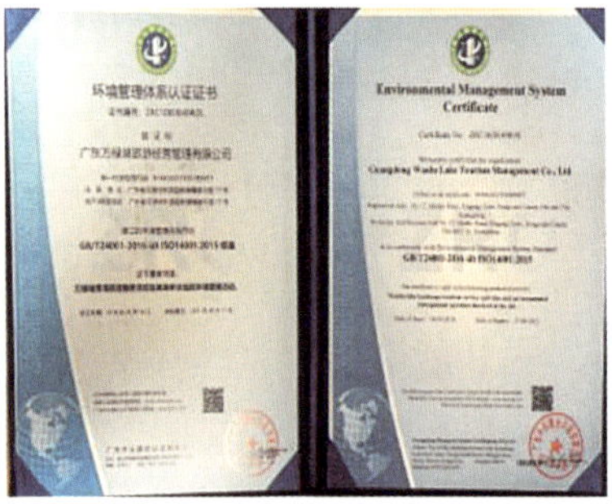 |
| 10 | 质量管理体系认证证书 | 广东中认联合认证有限公司 | 2018.9 |  |
| 11 | 职业健康安全管理体系认证证书 | 广东中认联合认证有限公司 | 2018.9 | 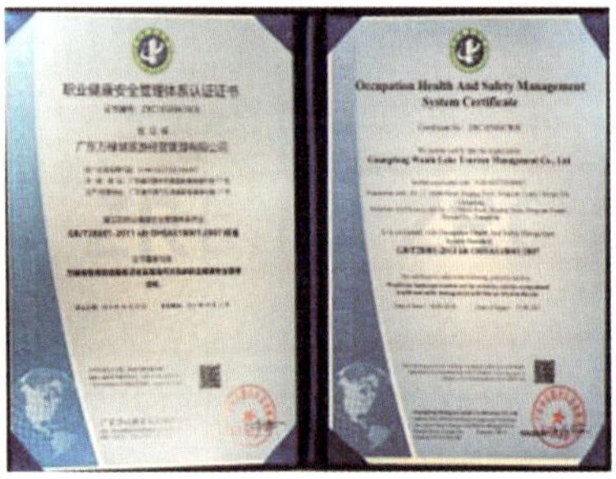 |

续表

| 序号 | 获奖称号 | 颁奖单位 | 时间 | 佐证材料 |
|---|---|---|---|---|
| 12 | 河源市生态环境保护志愿者协会理事单位 | 河源市生态环境保护志愿者协会 | 2019.9 | 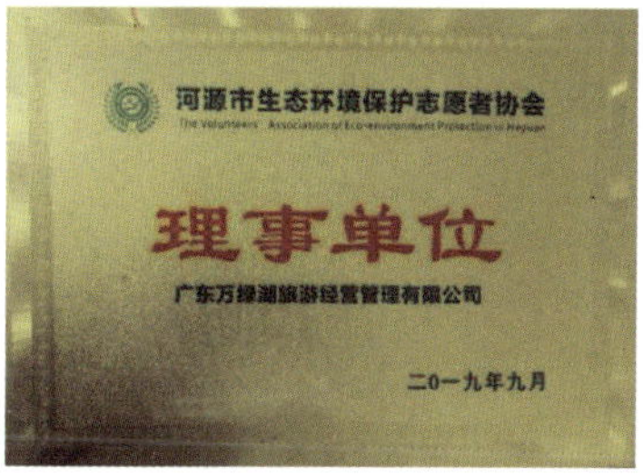 |
| 13 | 广东省绿色生态旅游服务业标准化试点 | 广东省市场监督管理局 | 2019.12 |  |
| 14 | 广东省农业标准化示范区和现代服务业先进标准体系试点项目 | 广东省市场监督管理局 | 2020.1 | 广东省市场监督管理局<br>通　告<br>2020年第17号<br>广东省市场监督管理局关于广东省农业标准化示范区目标考核和现代服务业先进标准体系试点评估结果的通告<br>根据农业标准化示范区管理办法和服务业标准化试点实施细则相关规定。2019年省市场监管局组织专家对罗坑茶等4个广东省农业标准化示范区和电子商务产业园等4个广东省现代服务业先进标准体系试点（见附件）进行了目标考核或评估。上述8个项目全部通过了目标考核（评估），现予以通告。<br>附件：2019年通过目标考核（评估）的广东省农业标准化示范区和现代服务业先进标准体系试点项目名单 |
| 15 | 中国天然氧吧 | 中国气象局 | 2020.11 |  |
| 16 | 河源市美丽乡村研学旅行实践地精品教材一等奖 | 河源市文化广电旅游体育局 | 2020.12 | 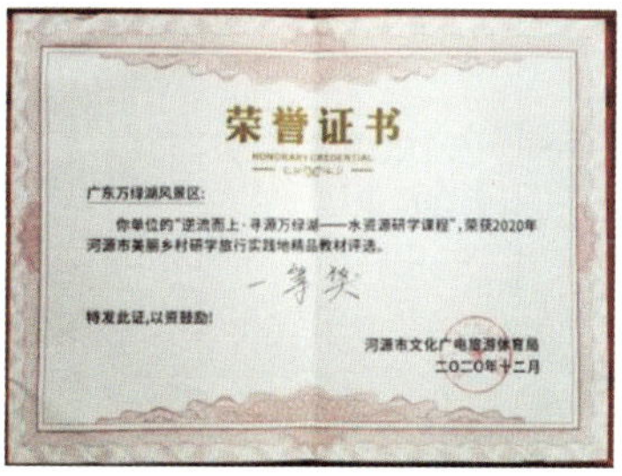 |

续表

| 序号 | 获奖称号 | 颁奖单位 | 时间 | 佐证材料 |
| --- | --- | --- | --- | --- |
| 17 | 全国巾帼文明岗 | 中华全国妇女联合会 | 2023.3 |   |
| 18 | 广东省少先队校外实践教育基地 | 少先队广东省工作委员会 | 2023.1 |   |
| 19 | 校企合作办学先进单位 | 河源职业教育集团 | 2023.12 | 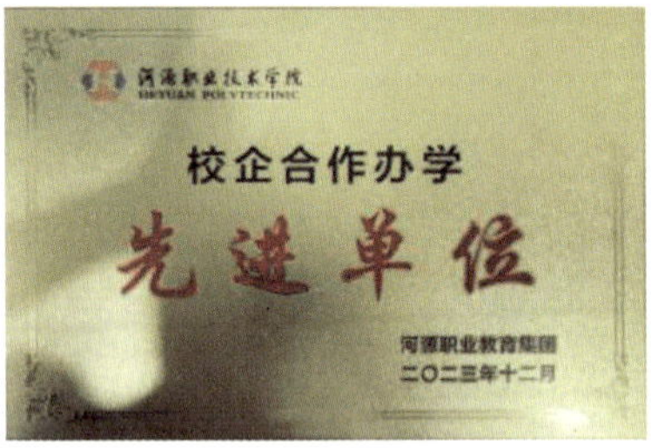  |
| 20 | 广东省中小学研学实践教育基地 | 广东省教育厅 | 2024.3 | 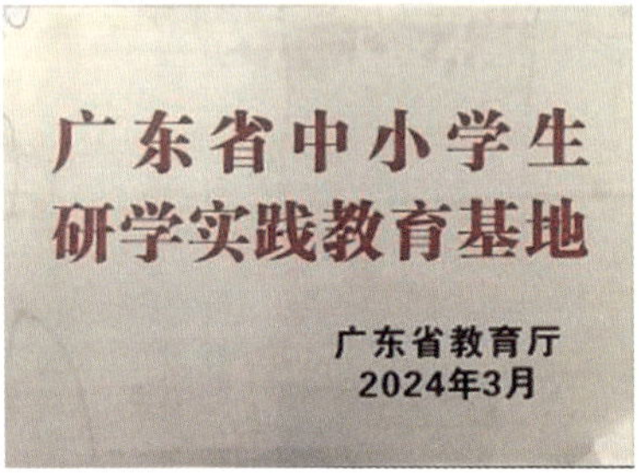  |
| 21 | 中国旅游景区协会会员单位 | 中国旅游景区协会 | 2024.7.11 |   |

续表

| 序号 | 获奖称号 | 颁奖单位 | 时间 | 佐证材料 |
|---|---|---|---|---|
| 22 | 广东省中小学研学实践教育基（营）地第二届研学指导教师讲课比赛三等奖 | 广东省中等职业学校德育研究与指导中心 | 2024.6 | 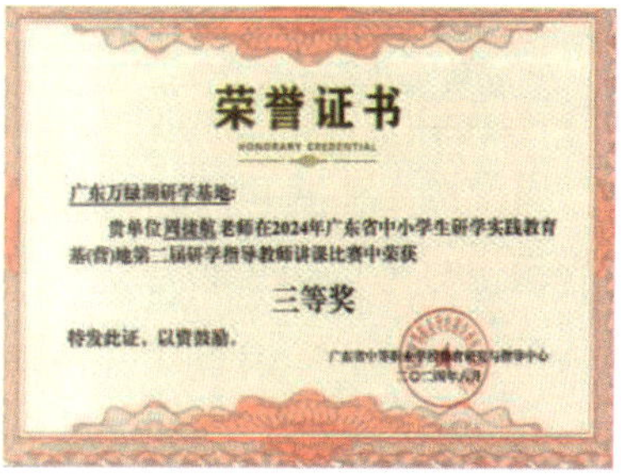 |

其次，校企合作还通过举办形式多样的文化活动，吸引更多年轻人参与到传统文化的传承和弘扬中来。这种合作模式不仅丰富了景区的文化活动内容，也为专业学生提供了一个展示自我、锻炼能力的平台。通过亲身参与讲解活动，学生不仅增长了见识，还锻炼了自己的语言表达和沟通能力，进一步激发了他们的爱国热情和文化自信。

此外，校企合作通过强化景区宣传工作，提高景区的知名度、美誉度和影响力，抢占流量，助推万绿湖风景区 5A 级旅游景区建设。这种合作新模式完善了“四链融合”产教融合的合作链条，充分发挥了景区和学院的优势，实现了资源共享、发展双赢。

综上所述，校企合作对景区的提升效果体现在多个方面，包括服务质量的提升、文化内涵的增强、知名度和美誉度的提高，以及通过资源共享和发展双赢实现共赢。这种合作模式对于促进景区可持续发展和提升旅游体验具有重要意义。

## 七、校企合作典型人物

周维国，现任广东万绿湖文化旅游投资有限公司董事长、东源县中国人民政治协商会议第九届东源县委员会常务委员会常务委员、东源县国有资产投资集团有限公司副总经理。从 1999 年到至今，周维国董事长一直致力于“万绿湖”景区内涵建设及品牌提升，并将景区成功创建为国家 5A 级旅游景区，带领万绿湖风景区迈上新台阶。

在广东万绿湖工作的 25 年间，周维国董事长全力支持并亲自参与河源职业技术学院的校企合作。自 2014 年开始，任河源市河源职业技术学院旅游专业指导委员会主任委员、客座教授，主讲专业课程《旅游市场营销》、指导毕业论文和毕业实习，当年被评为广东省高职院校高层次技能型兼职教师；2017 年，协助广东省级大学生实践教学基地项目通过验收；2020 年，与河源职业技术学院旅游管理专业签署校企合作协议，在原“校中厂”万绿湖旅行社大学城营业部的基础上建设成校内生产性实训基地——“广东万绿湖研学旅行中心”；2022 年与河源职业技术学院旅游管理专业合作设立“河源职业技术学院 · 万绿湖文旅产业学院”；2023 年，与河源职业技术学院人文艺术学院合作成立“河源职业技术学院 · 万绿湖文创产业学院”。

周维国董事长以“自我精进 + 产教协同”双擎驱动发展，通过攻读暨南大学旅游管理硕士、考取国家企业培训师及高级人力资源管理师（副高）等权威资质，夯实专业根基；深耕校企合作十年，以河源职业技术学院客座教授身份创新管理人才培养模式，参与项目获 2021 年广东省教育教学成果二等奖，并打造万绿湖风景区标准化运营团队；凭借卓越的行业贡献，连续获评“校企合作先进个人”、河源市人力资源和社会保障局、河源市总工会、河源市工商联三部门联合推荐的“全国和谐劳动关系创建工作先进个人”等荣誉，实现了从实践型管理者到产教融合领军人、行业创新示范者的多维跨越，为新时代企业家成长提供了产教互哺、社会责任与专业价值共融的典范路径。

图 4–27　校企合作典范人物周维国

05

# 第五章

# 展望：产教融合高质量发展的思考及规划

## 第一节　产教融合前景展望

### 一、国家政策指引

2022年12月，中共中央办公厅、国务院办公厅印发《关于深化现代职业教育体系建设改革的意见》，共14条，是党的二十大后，党中央、国务院部署教育改革工作的首个指导性文件。意见指出未来的改革方向之一是，坚持以教促产、以产助教、产教融合、产学合作，延伸教育链、服务产业链、支撑供应链、打造人才链、提升价值链，推动形成同市场需求相适应、同产业结构相匹配的现代职业教育结构和区域布局。

2023年，《教育部办公厅关于开展市域产教联合体建设的通知》（教职成厅函〔2023〕15号）提出11项重点任务，包括打造兼具人才培养、创新创业、促进产业经济高质量发展功能的省级市域产教联合体，组建一批产教深度融合、服务高效对接、支撑行业发展的跨区域行业产教融合共同体，建设一批集实践教学、社会培训、真实生产和技术服务功能于一体的学校实践中心、企业实践中心和公共实践中心，构建校省国家三级中职高职本科全覆盖的职业教育专业教学资源库共建共享体系，建设一体化智能化教学、管理与服务平台，建设职业教育虚拟仿真实训基地，推进本地区职业教育一流核心课程建设和实施，开展职业教育优质教材建设，开展职业教育校企合作典型生产实践项目建设，开展具有国际影响的职业教育标准、资源和装备建设，以及建设具有较高国际化水平的职业学校。

2024年7月30日，在深化现代职业教育体系建设改革现场推进会上，教育部副部长吴岩指出，要学习贯彻习近平总书记关于教育特别是职业教育的重要论述，围绕国家重大战略布局和地方产业发展现实需求，深化产教融合，推进职普融通，提高办学质量，创新职业教育人才培养模式，实实在在地把职业教育搞好，培养更多高技能人才、能工巧匠、大国工匠。探索省域现代职业教育体系建设改革试点，压实地方政府发展职业教育主体责任，在节点性城市或具有重要产业位置的县主动布局市域产教联合体，建设一批办学能力高水平、产教融合高质量的高等职业学校和专业群，实现“教育链、产业链、人才链、创新链”的融通，推动整个系统持续进化，按照“国家急需、产教融合、供需适配”的原则，以教学关键要素“小切口”全面推动职业教育“大改革”。要牢固树立底线思维，以高水平安全保障职业教育高质量发展。

以上政策的发布，均指明深化产教融合是职业教育的核心方向。通过教育与产业的深度融合，实现以教促产、以产助教，推动教育链、产业链、人才链、创新链的有机衔接和相互支撑。校企合作应成为常态，通过共同建设实践中心、推进生产实践项目等方式，提升职业教育的实践性和针对性。

## 二、社会环境趋势

作为与普通教育具有同等重要地位的教育类型，职业教育是国民教育体系和人力资源开发的重要组成部分。2024 年 9 月，国新办举行的“推动高质量发展”系列主题新闻发布会上的信息显示，我国职业教育每年培养超过 1000 万名毕业生。教育部副部长吴岩在该新闻发布会上介绍，近年来，在现代制造业、战略性新兴产业和现代服务业中，就有 70% 以上的新增一线从业人员来自职业院校。近 4 年全国总工会评选出的 40 位“大国工匠年度人物”中，有 32 位毕业于职业院校，占比高达 80%。而在 2022 年评选出的 30 位中华技能大奖获奖者中，也有 18 位获奖者来自职业院校。因此，职业院校已经成为培养大国工匠、能工巧匠、高技能人才的主阵地，这已成为全社会的共同认知，也得到社会各个层面的普遍认可和支持。

数据显示，自 2022 年 12 月中办、国办印发《关于深化现代职业教育体系建设改革的意见》以来，教育部指导建设了 2 个国家级行业产教融合共同体、28 个国家级市域产教联合体。通过鼓励行业企业全面参与教育教学各个环节，促进专业与产业、企业、岗位对接，有利于使职业教育围绕产业需要来办学，服务现代产业体系建设。

截止至 2024 年 3 月 26 日，广东已成立 28 个市域产教联合体、79 个行业产教融合共同体，成员覆盖数千家行业企业、院校、科研院所。其中，广州、深圳入选国家产教融合试点城市，6 家企业入选国家产教融合型企业，入选数全国第二；培育建设 1223 家产教融合型企业，数量全国第一。

可见，职业教育领域正经历着深刻的变革与升级。在教育部的引领下，国家级行业产教融合共同体与市域产教联合体的建设成果斐然，不仅促进了教育与产业的深度融合，还强化了职业教育服务现代产业体系的能力。而广东作为先行者，其市域产教联合体与行业产教融合共同体的蓬勃发展，彰显了区域对产教融合的高度重视与积极实践，以广州、深圳为代表的试点成效及产教融合型企业的培育数量更是彰显了广东在全国的领先地位，进一步巩固了社会对职业教育服务经济社会发展重要性的共识。

## 三、产业发展态势

2022 年,《关于印发“十四五”旅游业发展规划的通知》里面提出，做强做优做大骨干旅游企业，稳步推进战略性并购重组和规模化、品牌化、网络化经营，培育一批大型旅游集团和有国际影响力的旅游企业。

2023 年，文化和旅游部印发了《国内旅游提升计划（2023—2025 年）》，旨在进一步释放旅游消费潜力，改善旅游消费环境，提振旅游消费信心，并满足游客多元化、个性化的需求。该计划强调了质量第一的理念，注重系统观念，以问题为导向，同时坚持改革创新，协同推进国内旅游市场的发展。

2024 年，习近平总书记对旅游工作作出重要指示指出，旅游业从小到大、由弱渐强，日益成为新兴的战略性支柱产业和具有显著时代特征的民生产业、幸福产业，成功走出了一条独具特色的中国旅游发展之路。他强调，新时代新征程，旅游发展面临新机遇新挑战。着力完善现代旅游业体系，加快建设旅游强国，让旅游业更好服务美好生活、促进经济发展、构筑精神家园、展示中国形象、增进文明互鉴。

无论是从国家政策层面还是领导人的讲话中，都可以看出旅游业在当前社会发展中的重要地位和作用。这些政策和讲话精神为旅游产业的未来发展指明了方向，提供了有力的政策支持和理论指导。

据统计，2023 年，全国 A 级旅游景区直接就业超过 1000 万人，旅游带动综合就业近 8000 万人。2024 年一季度，国内游客出游总花费 1.52 万亿元，同比增长 17%，在促进消费、拉动内需方面作用明显；全国出入境人员超 1.41 亿人次，同比上升 117.8%。假日旅游人潮涌动，旅游过年已经成为新民俗。2024 年春节假期八天，全国国内旅游出游 4.74 亿人次，同比增长 34.3%，按可比口径较 2019 年同期增长 19.0%；国内游客出游总花费 6326.87 亿元，同比增长 47.3%。旅游已经成为人民日常生活不可或缺的组成部分，中国已经形成全球最大国内旅游市场。旅游业日益成为新兴的战略性支柱产业和具有显著时代特征的民生产业、幸福产业。

截止至 2024 年 8 月，河源市当年接待旅游人数 728.65 万人次，同比增长 7.02%，实现旅游总收入 72.14 亿元，同比增长 7.18%；其中 7 月—8 月，全市共接待游客人数达 205.56 万人次，实现旅游收入 20.33 亿元。

以上信息充分展示了旅游产业在中国的蓬勃发展和重要地位，是产业对国家政策的正向反馈。河源市也以其旅游人数和旅游总收入的稳步增长，特别是暑期旅游旺季的显著表现，进一步证明了旅游业在地方经济发展中的重要作用。

# 第二节 产教融合存在问题反思

## 一、文旅产教融合机制问题

在校企合作过程中，频现科研成果与技术转化信息不对称、成果转化不充分、成果离产业化应用还存在距离等情况，由此引发的创新链、产业链、教育链、人才链协同贯通受阻问题，需要通过完善产教融合协同机制来解决。西安交通大学党委书记卢建军认为，加快推进企业主导的产学研深度融合，需要解决好“企业主导什么、校企融合什么、在哪融合、怎么深度融合”等问题，更为有效地攻克“难点”、打通“堵点”、破解“痛点”。因此，校企产教融合机制需要深刻理解和把握融合的基础、关键和途径，进一步探索文旅产教融合一体化机制。

## 二、文旅人才队伍结构性问题

文旅人才队伍建设的问题，主要体现为人才储备不够、质量不高、结构不优，特别是拔尖人才少、领军人才相对匮乏的问题，已成为制约文旅产业深度融合与创新发展的问题。未来校企双方要协力打通“四链”，进一步构建文旅人才培养新体系，校企深度融合，共同推动理论教学与实践紧密结合，培养既懂文化又精通旅游的复合型人才。

## 三、知识产权保护问题

在“内容为王”的时代背景下，文旅产品的开发和经营对创意的要求越来越高。但是，多年以来，优秀文旅产品常遭受“傍名牌”“搭便车”“山寨”等侵权行为之苦，严重损害了企业及开发者的利益。文旅产品的创作凝聚了创作者的心血，而产品的生产、传播、使用和交易也同样积聚了企业的努力，因此，加大知识产权保护力度，保障文旅创新成果的合法权益，让创新者得到应有的回报和尊重，才能引导优秀人才在推动文旅产业高质量发展中发挥更大的作用。

## 四、人才服务保障体系问题

2022 年，以“旅游人才建设与青年人才培养”为主题的中国旅游科学年会强调了旅游人才的重要性愈发凸显。但有关调研显示，供需错配严重、流失率居高、“吃青春饭”等问题凸显，旅游人才紧缺加剧，正成为行业发展痛点。

同样的问题在河源有着更为突出的表现。万绿湖在培养文旅人才方面，堪称河源文旅的“黄埔军校”。学生从河源走向珠三角、粤港澳大湾区，并逐步成长为业务骨干、企业的中坚力量，留守河源的却主要以本地户籍学生为主。究其原因，薪酬低、福利少、人才服务保障缺失等是问题的主因。立足实际，我们需要建立紧缺人才目录，重点扶持乡村和县域旅游专业人才，加强复合型人才培养，构建更加开放、灵活、高效的人才培养体系，为河源文旅产业高质量发展提供坚实的人才支撑。

# 第三节　产教融合高质量发展规划

## 一、发展愿景

产教融合既是职业教育的类型特征，也是支撑职业教育高质量发展的必由路径。历经 20 年，河职院旅游管理专业与万绿湖的合作已经完成了从实训基地、“校中厂”、特色社团、社会公益组织及产业学院的层层升级，共同收获高质量发展阶段性成果。未来，双方将坚持“产业引领学科，需求驱动专业”的理念，共同致力于构建全国河湖旅游行业产教融合共同体，持续深化校企双向互动，开展深度产教融合，以输出行业标准、人才典范、生态样板完成品质示范，以品牌输出、质量提升、效益增长及成果转化实现职教出海，在河湖湿地这块“生态宝库”中，探索出一条生态优、效益好、可持续的河湖湿地旅游之路。

通过行业产教融合共同体强化企业服务创新主体地位，打破“甲乙双方、一纸合同、一个项目、一笔经费”校企传统合作模式，建立企业作为技术创新决策、研发投入、科研组织、成果转化主体的校企深度融合创新联合体，按照“双管理、双首席、双签字、双导师”原则管理运行，形成“名师 +”团队，构建“企业出题、校企共同凝练课题、揭榜挂帅领题、师生共同答题、校企共同评价”机制，打通创新链、产业链、教育链和人才链，在重要研发项目任务以及校企良性运作环境中培养创新人才。

## 二、重点规划任务

万绿湖作为河源文旅行业龙头企业，拥有广东万绿湖旅游经营管理有限公司、广东万绿湖旅游船艇有限公司、广东省新丰江国有资产经营管理有限公司、河源市苏家围客家乡村旅游区有限公司、广东万绿湖船舶制造有限公司、广东万绿湖旅行有限公司、广东万绿湖文化传媒有限公司、河源市丰渔水产有限责任公司、东源万绿湖自来水有限公司、东源县河源生活污水处理有限公司、广东万绿湖水产发展有限公司 11 家子公司，另有东源县绿谷食品有限公司 1 家控股企业，以及河源万绿湖万泰文旅发展有限公司、广东省新丰江万绿湖水力电源有限公司、广东省新丰江万绿湖镜花缘旅游有限公司、河源万绿湖长丰水产进出口有限公司 4 家参股企业。万绿湖连通文旅产业链上下游业务，在所属行业有重要影响力和话语权，能够统筹行业产业资源，并在共同体内切实起到统筹、牵头作用。因此，由万绿湖牵头组建行业产教融合共同体，联合高水平高等学校和职业学校牵头建设，并根据产业链上下游分布和教育资源布局，跨区域广泛吸收相关行业组织、学校、科研机构、上下游企业等单位参与建设，以发挥各建设主体作用，推动产教全要素融合。

### （一）建立健全实体化运行机制

共同体要建立领导小组（理事会或董事会），商定建设方案，明确组织架构和职责分工，召开成立大会，审议通过共同体章程。要建立规范合理的利益共享机制等，明晰责权分配，保障各方权益。要配备数量充足、结构合理的专兼职人员，负责日常工作。

### （二）构建产教供需对接机制

共同体每年要组织工作专班，通过政策研究、调查问卷、走访调研、大数据分析等多种形式，开展行业发展趋势、人才需求情况等方面的调研，并于每年第一季度期间完成行业发展分析报告、行业人才需求预测报告和行业人才供需清单、技术供需清单的编制与发布，指导相关学校和职业培训机构开展工作，促进产教供需高效对接。

### （三）联合开展人才培养

共同体要将提升人才培养质量置于首要位置，深入推进校企协同育人，畅通技术技能人才成长通道。依据产业链分工对人才的要求，校企联合招生，开展委托培养、订单培养和学徒制培养，实施专项培养计划，推动人才培养模式创新。共同体内实行校企师资互兼互聘，共建共享高水平“双师型”教师队伍。共同体内企业招工要向共同体内学校倾斜，加大实习和就业岗位供给。共同体内学校要开放培训机构和继续教育机构，面向行业企业员工开展岗前培训、岗位培训和继续教育。支持共同体内高水平高等学校招收具有工作经历的共同体内职业学校毕业生和企业一线优秀职工，攻读本科、专业学位研究生，提升学历层次。

### （四）协同开展技术攻关

共同体要建立健全协同创新机制，校企联合打造科研攻关团队，深入生产一线，瞄准产业需求，调研征集企业实际面临的生产性和技术性难题，校企系统解决问题。支持职业学校在关键共性技术攻关中发挥“中试车间”的作用。共同体建设单位要加大经费投入，共建技术创新中心、产学研用协同创新平台等，产出一批前沿领域的创新成果，服务行业企业技术改造、工艺改进、产品升级，提升服务水平。

### （五）有组织开发教学资源

共同体要组建高水平教科研队伍，对标产业实际和发展需要，结合人才培养、专业建设和技术攻关实际，将产业应用的工艺、技术融入教学实践，开发专业核心课程、实践能力项目；发挥学校专业优势和企业的技术优势，跟踪行业新技术、新工艺、新方法、新标准，研制优质教学装备并推广应用。

### （六）强化支持保障力度

共同体各建设单位要制定支持共同体建设的专项政策，保障和促进共同体发展。共同体内企业要发挥技术优势和平台优势，把共同体工作纳入企业发展规划和年度考核。共同体内学校要促进科技创新与产业深度融合，为共同体提供有力的人才和技术支撑。

## 三、行业产教融合共同体的建设策略

### （一）构建架构完整、制度明确的产教融合机制，打造多元共育人才圈

构建架构完整、制度明确的产教融合机制是行业产教融合共同体建设的关键。第一，企业、行业、学校应共同参与，加强设计，明确行业产教融合共同体建设的目标。第二，企业、行业、学校应明确行业产教融合共同体建设的任务、职责和分工。如企业应负责提供实习实训场所、技术支持，学校应负责制定人才培养方案、开展实践教

学等。第三，行业产教融合共同体建设要具备完善的组织机构和制度，可以设立管理部、项目部、合作部、培训部等，建立定期会议制度、项目合作制度、教师培训制度等，明确各部门职责，确保各部门间的沟通和合作，形成高效组织运行机制，打造多元共育人才圈，促进市域经济发展，提高人才培养质量。

成立政府、企业、学校、科研机构等多方参与的理事会，实行实体化运作，集聚资金、技术、人才、政策等要素，有效推动各类主体深度参与职业学校专业规划、人才培养规格确定、课程开发、师资队伍建设，共商培养方案、共组教学团队、共建教学资源，共同实施学业考核评价，推进教学改革，提升技术技能人才培养质量；搭建人才供需信息平台，推行产业规划和人才需求发布制度，引导职业院校紧贴市场和就业形势，完善职业教育专业动态调整机制，促进专业布局与当地产业结构紧密对接；建设共性技术服务平台，打通科研开发、技术创新、成果转移链条，为企业提供技术咨询与服务，促进中小企业技术创新、产品升级。

### （二）创建集产学研训四位一体的人才培养模式，打造育训产研联动圈

优化人才培养模式、提高人才培养质量是行业产教融合共同体建设的核心。行业产教融合共同体建设应形成产学研训一体化协同机制，推动产业、教育、科研等领域的深度融合，实现产业链、价值链、创新链的有机衔接。例如，校企依托产业学院，以万绿湖好水与客家非遗酿酒技艺，合作开展酿酒技术或万绿湖美食研发等项目，为学生提供多维度的产学研训实践机会；企业在为学生提供实习实训场所的基础上，可以更高标准创建省级、国家级产业学院，或挖掘本地资源，研究拓展气候康养产业相关的实践基地，提高学生产学研训的实践能力；同时，行业可以围绕扬帆计划开展服务优化项目，不仅提升服务质量，还促进了人才集聚中心的形成与发展。总之，行企校应合力创建产学研训四位一体人才培养模式，打造育训研产联动圈。

资源联动之下，校企依托战略领域核心产品标准、关键领域新技术标准、人才培养质量评价标准，打造职业教育“金专、金教材、金课、金师、金基地”，推进产教标准有效衔接，提升职业院校关键办学能力。

### （三）搭建双元融合、岗课融通的专业课程体系，打造共建共享资源圈

搭建双元融合、岗课融通的专业课程体系，是行业产教融合共同体建设的重要环节。企业、学校双元融合共同建立资源平台，通过深入分析企业、行业的需求，结合学校实际情况，搭建“岗课赛证”融通的专业课程体系。在课程设置中，充分考虑岗位需求和学生发展需求，实现课程与岗位的紧密对接。在课程内容设计中，通过岗位

任务驱动激发学生的学习兴趣，提高学习效果，使学生能够在实际工作中快速适应并应用所学知识，提高就业竞争力。同时，课程体系充分考虑企业在职人员的需求，为其“回炉”再造、职业技能提升、学历提升等方面，提供合适的平台和资源。共建共享资源圈是实现教育资源共享的有效途径，通过行业产教融合共同体建设，打破地域、行业、学校等界限，实现教育资源的共享和优化配置，促进产业与教育深度合作，提高人才培养效益。

### （四）营建专兼结合、工匠专家型创新教学团队，打造引培并举师资圈

营建专兼结合的教学团队是行业产教融合共同体建设的重要内容。实施教学团队成员选拔与培养制度，建立“双带头人”“双导师”“双向挂职”校企人才流动机制，形成校企双向交流协作共同体，建立健全教师团队的选拔、培养、考核、激励制度，从而建设一支由行业专家、技术能手、教学名师等组成的专兼结合混编教师队伍，打造引培并举师资圈。一方面，专任教师应具备深厚的专业知识和技能基础，能够为产教融合提供专业支持；另一方面，兼职教师应具备丰富的实践经验和行业背景，能够为产教融合提供实际操作指导。通过外引内培、校企共育、双向兼职等方式打造的“工匠 + 专家”专兼混编型创新教学团队，能够根据市场需求和产业趋势，不断调整教学内容和教学方法，培养具备实践能力、创新精神和工匠精神的技术技能型人才，推动产教融合持续发展。

### （五）共建开放包容、协同发展的产教融合联盟，打造驱动发展国际圈

深化国际合作是行业产教融合共同体建设的延伸内容。应积极参与国际合作，借鉴国际先进的教育理念和经验，推动产教融合的国际化发展。这不仅有助于提升我国教育质量和国际化水平，也有利于推动产教融合的深入发展。行业企业、教育部门、科研机构应共同开展国际交流与合作，引进国际先进技术和管理经验，提高人才培养的国际化水平。此外，还应建立国际化发展协同机制，确保国际化发展的顺利进行，提高产教融合的国际竞争力。2024 年，河职院旅游管理专业成功通过联合国世界旅游组织认证的前期评估，同时，国际金钥匙学院河源分院筹建工作正稳步推进加之万绿湖正在以打造世界级“湖泊 +”高质量旅游景区为建设目标，这些举措共同为万绿湖产教融合国际化奠定了坚实的基础。

未来，行业产教融合共同体将发挥各方优势，通过建立科学规范的服务体系和运行机制，打造产教深度融合、服务高效对接、支撑行业发展的旅游行业产教融合共同体品牌，共建多元文化交融、多方联动、多点发力的职业教育教研新模式。

**图书在版编目（CIP）数据**

校企双向赋能　筑造人才高地 ：万绿湖与河源职业技术学院20年产教融合实践与探索 / 杨红霞等著. 北京 ：旅游教育出版社，2024.12. -- ISBN 978-7-5637-4822-8

Ⅰ. G719.2

中国国家版本馆CIP数据核字第2024RB9942号

**校企双向赋能　筑造人才高地**

——万绿湖与河源职业技术学院 20 年产教融合实践与探索

杨红霞　周　勇　冯四朵　刘贻新　著

| | |
|---|---|
| **责任编辑** | 施云峰 |
| **出版单位** | 旅游教育出版社 |
| **地　　址** | 北京市朝阳区定福庄南里 1 号 |
| **邮　　编** | 100024 |
| **发行电话** | （010）65778403　65728372　65767462（传真） |
| **本社网址** | www.tepcb.com |
| **E - mail** | tepfx@163.com |
| **排版单位** | 北京旅教文化传播有限公司 |
| **印刷单位** | 唐山玺诚印务有限公司 |
| **经销单位** | 新华书店 |
| **开　　本** | 787 毫米 × 1092 毫米　1/16 |
| **印　　张** | 12 |
| **字　　数** | 188 千字 |
| **版　　次** | 2024 年 12 月第 1 版 |
| **印　　次** | 2024 年 12 月第 1 次印刷 |
| **定　　价** | 49.80 元 |

（图书如有装订差错请与发行部联系）